Direito de patentes

Condições legais de obtenção e nulidades

Jacques Labrunie

Doutor em Direito pela PUC/SP.
Mestre em Direito da Propriedade Industrial pela Université de Paris II.
Professor de Direito Comercial da PUC/SP e dos cursos de pós-graduação do Cogeae, CEU e Apamagis. Sócio de Gusmão e Labrunie Advogados.

Direito de patentes

Condições legais de obtenção e nulidades

Manole

Capa e projeto gráfico:
Departamento de Arte da Editora Manole

Imagem da capa:
Stock Photos

Editoração eletrônica:
JLG – Editoração Gráfica Ltda.

Dados Internacionais de Catalogação na Publicação (CIP)
(Câmara Brasileira do Livro, SP, Brasil)

Labrunie, Jacques
Direito de patentes: condições legais de obtenção e nulidades / Jacques Labrunie. – Barueri, SP : Manole, 2006.

Bibliografia.
ISBN 85-204-2404-x

1. Invenções 2. Patentes – Brasil 3. Patentes – Leis e legislação – Brasil 4. Patentes de invenção 5. Propriedade intelectual I. Título.

05-5784 CDU-347.771(81)

Índices para catálogo sistemático:
1. Brasil : Direito de patentes : Direito comercial 347.771(81)
2. Brasil : Patentes de invenção : Obtenção e nulidades : Direito comercial 347.771(81)

Edição brasileira – 2006

Direitos adquiridos pela:
Editora Manole Ltda.
Avenida Ceci, 672 – Tamboré
06460-120 – Barueri – SP – Brasil
Tel.: (11) 4196-6000 – Fax: (11) 4196-6021
www.manole.com.br
info@manole.com.br

Impresso no Brasil
Printed in Brazil

A *Mes Amours,*

Alessandra, Pedro e Maria.

Sumário

Prefácio

As patentes de invenção têm ocupado, cada vez mais, importante espaço na mídia, sendo objeto de acaloradas discussões. Nos últimos tempos, vê-se, no Brasil, um incessante debate sobre o alcance e o limite da proteção por patente, em especial a questão das licenças compulsórias de patentes dos medicamentos. Discussão mais política que jurídica, ela mostra a importância do conhecimento aprofundado do sistema de patentes brasileiro.

Não só na seara política ocorrem intensos debates sobre patentes de invenção; estes também se avolumam na esfera judicial. Nunca foram tantas as contendas entre empresas, brasileiras e estrangeiras, tendo por objeto as patentes de invenção. O aumento do nível concorrencial entre os agentes econômicos após a globalização, ampliado pela intensificação das trocas internacionais e pela valorização do capital intelectual, justifica o fenômeno. A adoção do Trips (Acordo sobre aspectos da propriedade intelectual relacionados ao comércio) pelos países da OMC (Organização Mundial do Comércio), e da nova lei brasileira de propriedade industrial de 1996 fizeram com que a propriedade intelectual adquirisse um prestígio sem precedentes na história do Brasil.

Nesse contexto, a obra de Jacques Labrunie torna-se literatura imprescindível para quem pretenda compreender o sistema brasileiro de patentes, assim como para a boa formação do profissional do direito, em especial para aqueles que tenham por objetivo militar na área de propriedade intelectual. Trata-se da versão revisada e atualizada de tese de doutorado, cuidadosamente elaborada e brilhantemente defendida na Pontifícia Universidade Católica de São Paulo – PUC/SP.

Estruturalmente, o autor divide a obra em duas grandes partes: a primeira, mais conceitual, e a segunda, que traz os principais temas para bem compreender-se as patentes de invenção.

O autor inicia com a necessária conceituação das patentes de invenção, situando o leitor em relação ao tema abordado, bem como em relação à legislação vigente no país e no exterior. Ainda na primeira parte da obra, para dar base de sustentação aos temas posteriormente abordados, deteve-se o autor na conceituação de ato jurídico, em especial, no ato administrativo e sua invalidade.

Ponto crucial para a compreensão de uma patente de invenção são suas condições de validade. Este tema é profundamente abordado na segunda parte do trabalho. O preenchimento das condições de validade de uma patente facultará a um inventor obter o título e sua exclusividade de uso. Possibilidade esta que se materializará por meio de ato administrativo, de competência exclusiva do Instituto Nacional da Propriedade Industrial (Inpi), o qual verificará o preenchimento de todas as condições de validade.

Da mesma forma que as condições de validade têm papel fundamental para a concessão de uma patente de invenção, também o têm para a eventualidade de querer anulá-la. E, a partir dessa lógica, o autor analisa as nulidades decorrentes da falta de alguma das condições de validade, bem como as vias para averiguação e determinação da nulidade de uma patente.

Jacques Labrunie demonstra nesta obra algumas de suas características mais marcantes como a clareza e a objetividade de seu pensamento que, aliadas à sua rara inteligência, tornam fácil a compreensão de um tema complexo como o das patentes de invenção.

A obra reflete não somente o exercício acadêmico deste professor querido de seus alunos, deste orador brilhante, deste construtor de defesas imbatíveis, mas também uma soma de conhecimentos resultante do enorme sucesso que Jacques Labrunie tem conquistado no exercício da advocacia na área de propriedade intelectual.

É com fraterno orgulho que apresento, assim, a obra do Professor Doutor Jacques Labrunie que, para além de suas qualidades acadêmicas acumula as de amigo inestimável, sócio honesto, companheiro solidário e homem digno, responsável, coerente e correto nas lidas da vida pessoal e profissional.

Um homem raro e caro.

José Roberto d'Affonseca Gusmão
Professor-Doutor da Pontifícia Universidade Católica de São Paulo
Mestre e Doutor em Direito pela Universidade de Estrasburgo – França
Ex-Presidente do Instituto Nacional da Propriedade Industrial – Inpi

Principais siglas

ABPI – Associação Brasileira da Propriedade Intelectual
CC – Código Civil
Cnuced – Conferência das Nações Unidas sobre o Comércio e o Desenvolvimento
CPC – Código de Processo Civil
DJU – Diário de Justiça da União
EPO – European Patent Office (Escritório Europeu de Patentes)
INPI – Instituto Nacional da Propriedade Industrial
Interfarma – Associação da Indústria Farmacêutica de Pesquisa
LPI – Lei de Propriedade Industrial – Lei n. 9.279/96
OMC – Organização Mundial do Comércio
Ompi – Organização Mundial da Propriedade Intelectual
PCT – Patent Cooperation Treaty (Tratado de Cooperação em Matéria de Patentes)
PTO – Patent and Trademark Office
RePro – Revista de Processo
RPI – Revista da Propriedade Industrial
RT – Revista dos Tribunais
TJ – Tribunal de Justiça
TFR – Tribunal Federal de Recursos
TRF – Tribunal Regional Federal
Trips – Acordo sobre os aspectos dos direitos de propriedade intelectual relacionados ao comércio (Anexo I C do Acordo da OMC)

Introdução

> *"O direito dos inventores é a mais inatacável, a mais sagrada, a mais legítima, a mais pessoal das propriedades". (Boufflers, perante a Assembléia Nacional, 1791)*

Em 1996, editou-se no país a nova Lei de Propriedade Industrial, Lei n. 9.279/96, alterando substancialmente o regime de proteção às invenções industriais. Em vista da importância do assunto, diversos pontos dessa nova norma jurídica poderiam ter sido escolhidos como objeto de estudo. Chamou-nos especial atenção o capítulo relativo às condições de patenteabilidade das invenções e, conseqüentemente, a ausência delas, causadora de nulidade das patentes.

O objeto do presente trabalho é o estudo das condições legais de obtenção e das nulidades das patentes. Para tanto, fez-se necessária a elaboração de uma grande introdução, a Parte I, dedicada à iniciação nos conceitos manipulados na Parte II, buscando seu correto enquadramento. A fim de adentrarmos nas nulidades das patentes, sentimos a necessidade de analisar os conceitos de invenção e de patente, sua natureza jurídica, o sistema normativo de proteção às patentes e seus princípios básicos. Também na Parte I, estudamos brevemente a questão da invalidade dos atos jurídicos em geral e dos atos administrativos.

Uma vez iniciados nos dois temas básicos de nosso estudo, nulidade e patente de invenção, elaboramos a Parte II do trabalho, que procura indicar as causas de nulidade das patentes. As nulidades decorrem da inobservância das condições legais, daí o aprofundamento no estudo das referidas condições.

Por fim, cuidamos dos procedimentos de nulidade. Pareceu-nos incompleto e de utilidade questionável versar sobre as nulidades sem indicar os caminhos para sua declaração. A ousadia nos fez caminhar por temas de direito processual civil, que escapam aos limites desta obra, de direito comercial. Tais temas foram tratados, porém, dentro de estreita amplitude, uma vez que, diversos entre eles, isoladamente, já poderiam ser objetos de uma outra obra.

As pesquisas realizadas tiveram três grandes vertentes: os autores nacionais, clássicos e modernos, as decisões dos tribunais e a doutrina estrangeira sobre a matéria. Demos especial ênfase ao direito europeu, fonte inspiradora do direito de patentes brasileiro, socorrendo-nos, sobretudo, dos autores franceses, em vista do estágio avançado do estudo da matéria naquele país. É importante esclarecer que este estudo restringe-se às patentes de invenção. Em vista da extensão do tema, deixamos de abordar as patentes de modelo de utilidade. Muitos dos conceitos aqui tratados, entretanto, aplicam-se também às patentes de modelo.

Outro esclarecimento introdutório importante é que as citações de textos estrangeiros foram traduzidas para facilitar o entendimento do leitor, sendo de nossa inteira responsabilidade.

Esperamos, com este trabalho, colaborar para o estudo da propriedade industrial no Brasil, sobretudo das patentes de invenção.

PARTE I

Patente de Invenção: Conceito e Ordenamento Jurídico

CAPÍTULO I

A invenção patenteada

É preciso indicar, *ab initio*, a diferenciação e a correlação entre os conceitos de invenção, invenção patenteada, patente de invenção, carta patente e privilégio de invenção. Invenção é a criação intelectual de efeito técnico ou industrial. Existem duas formas de se proteger ou manter a exclusividade sobre uma invenção: por meio do segredo ou da patente de invenção.[1]

A invenção mantida em segredo não é protegida como um direito, mas consiste em um fato. Enquanto o inventor mantiver o segredo, deterá uma exclusividade fática de exploração da invenção.[2] Somente com a obtenção da patente de invenção, o titular obtém um direito de exploração exclusiva da invenção, mediante, como será detalhado em breve, direito de propriedade.

---

[1] Nos países de economia comunista, como a antiga União Soviética e a República Popular da China, havia um sistema denominado *título de recompensa* ou *certificado de autor de invenção*, por meio do qual o inventor informa sua invenção ao Estado, que será o responsável pela exploração da invenção. Em contrapartida, o inventor recebe um título, que lhe confere determinados privilégios dentro da coletividade. Esse sistema vem sendo substituído pelo sistema de patentes. (Cf. 64, p.22)

[2] A questão da regulamentação do segredo de fábrica ou do segredo de negócio extrapola os limites deste trabalho. Entretanto, a violação de segredo pode constituir crime de concorrência desleal, nos termos do art. 195, XI e XII, da Lei n. 9.279/96. Sobre o assunto, *vide* artigo do autor intitulado "A proteção ao segredo de negócio" (106, p.85-105) e o livro de Elizabeth Kasznar Fekete (38).

A invenção patenteada, portanto, é aquela protegida por um título jurídico denominado *patente*, que assegura a seu titular uma relação de domínio.

A patente de invenção, também chamada privilégio de invenção, é, ao mesmo tempo, o instituto jurídico pelo qual se confere proteção à invenção e o título expedido pelo Estado que outorga a seu titular a propriedade e exclusividade de exploração da invenção. Neste segundo sentido, de título jurídico, patente de invenção e carta-patente são utilizadas como expressões sinônimas. A expressão *privilégio* ou *privilégio de invenção* era utilizada no regime jurídico anterior (Lei n. 5.772/71), significando o próprio direito do titular da invenção patenteada, isto é, o privilégio de exploração exclusiva da invenção, por um período determinado. Essa expressão não está mais presente na lei atual, apesar de constar da Constituição Federal (art. 5º, XXIX).

Feita essa breve introdução à questão terminológica, é necessário verificar os conceitos de invenção e de patente de invenção. A busca do conceito de invenção e da definição da patente já poderia ser, por si só, objeto de uma tese. Assim sendo, não é possível ultrapassar uma análise perfunctória dos conceitos de invenção e de invenção patenteada.

Para melhor compreensão, é necessário distinguir a invenção de seu título de apropriação. Primeiro, trataremos do conceito de invenção em si, depois sobre o conceito de patente de invenção, o título jurídico que confere proteção à invenção.

Conceito de invenção

Considerando que o objeto deste estudo é centrado nas condições legais de obtenção das patentes de invenção e sua nulidades, é imprescindível compreender o que é uma invenção. Para tanto, urge uma primeira distinção entre invenção e descoberta, um panorama das diversas definições de invenção encontradas na doutrina e, finalmente, uma crítica a tais definições.

Preliminarmente, é importante a diferenciação entre a invenção e a mera descoberta. Nesse sentido, nosso mais festejado tratadista na matéria, Gama Cerqueira, lecionava que:

> As duas noções não se confundem. A invenção, de modo geral, consiste na criação de uma coisa até então inexistente; a descoberta é a revelação

> de uma coisa existente na Natureza [...] A invenção, como dissemos, apresenta-se como a solução de um problema técnico, que visa à satisfação de fins determinados, de necessidades de ordem prática; a descoberta, ao contrário, não visa a fins práticos preestabelecidos e apenas aumenta a soma dos conhecimentos do homem sobre o mundo físico. (21, p.222)

Da mesma forma, o mestre italiano Ramella:

> A descoberta pressupõe sempre uma coisa já existente, a invenção, ao contrário, uma coisa nova que não existia anteriormente. Pela primeira se esclarece, reconhecem-se objetos, fenômenos e propriedades de corpos cuja existência ainda não havia sido constatada, despercebida à observação das pessoas; pela segunda, criam-se novos efeitos técnicos, com o objetivo de satisfazer as necessidades econômicas, combinando e utilizando forças da natureza. (91, p.63)

Resta claro a descoberta ser a mera revelação de algo que já se encontrava na natureza, apesar de até então desconhecido; ao passo que, com a invenção, há uma criação propriamente dita, surgindo algo antes inexistente. A invenção, portanto, não é mera descoberta ou a simples revelação de algo já existente na natureza.

Essa diferenciação entre invenção e descoberta, bastante clara para os estudiosos clássicos, nos dias atuais, com a evolução da ciência, está deixando de ser uma verdade absoluta. Sobretudo na área da biotecnologia, os limites entre a descoberta e a invenção são pequenos. Luiz Guilherme de A. Vieira Loureiro afirma que:

> O pesquisador descobre as seqüências genéticas, ele não as inventa. Mas as características da matéria viva assim isolada em laboratório poderão ser utilizadas na criação de novos produtos ou novos processos industriais. Passa-se do estágio do laboratório para o estágio industrial. Esses novos produtos e processos utilizáveis industrialmente são assim a conseqüência direta da atividade do pesquisador, partem da descoberta por ele feita.

E conclui:

> Tem-se entendido que, quando o inventor, após pesquisas intensivas, pôde isolar as características de um produto natural e determinar as propriedades úteis ao homem, torná-lo, enfim, diferente do produto originalmente encontrado na natureza, há invenção e não descoberta. (58, p.102)

Pelos próprios conceitos emitidos pelo articulista, vê-se que a diferença entre descoberta e invenção na área da biotecnologia, mesmo tênue, ainda é presente. Na invenção haverá, obrigatoriamente, uma manipulação humana da eventual descoberta, tornando-a diferente do produto original encontrado na natureza. Enfim, o que seria a invenção?

Toda e qualquer definição é tarefa assaz complicada. Gama Cerqueira traz à baila diversas definições doutrinárias de clássicos estrangeiros, como Allart, Bonnet, Di Franco, Luzzatto, dentre outros, para concluir pela dificuldade de uma definição e propor sua própria:

> A invenção, pela sua origem, caracteriza-se como uma criação intelectual, como o resultado da atividade inventiva do espírito humano; pelo modo de sua realização, classifica-se como uma criação de ordem técnica; e, pelos seus fins, constitui um meio de satisfazer às exigências e necessidades práticas do homem. (21, p.213-21)

O clássico autor argentino, Breuer Moreno, da mesma forma que Gama Cerqueira, apresenta o rol de diversas definições, tais como:

> Para Luzzatto, "a invenção é a solução de um problema técnico, quando essa solução conduz a um sistema concreto de realização e constitui uma criação da mente humana cuja elaboração excede a concepção normal da técnica de sua época";
> Para Allart, é "uma criação do espírito que se produz no domínio da indústria e que se manifesta pela obtenção de um resultado industrial";
> Para Dambach, "É a criação de um produto novo ou de um uso material que não existia". (73, p.76-7)

Para concluir (*ibid.*, p.78) que "Invenção patenteável seria o descobrimento de uma nova relação de causa e efeito entre um meio, em si conhecido ou idealizado pelo inventor, e um resultado técnico que é a conseqüência imediata e constante da função deste meio".

Resumindo, pode-se afirmar que a invenção é o resultado de uma criação intelectual, importando em uma solução nova para um problema técnico existente. No entanto, todas essas definições são criticáveis e incompletas. Muitas vezes, as definições confundem os elementos intrínsecos da invenção com as condições de patenteabilidade, que serão estudadas mais adiante; por exemplo, a presença de novidade e de atividade inventiva.

Para Ramella (91, p.65), as premissas ou elementos intrínsecos da invenção são: a solução do problema técnico; a presença de uma novidade técnica e o escopo prático e industrial da criação. Gama Cerqueira (21, p.226), com mais clareza, afirmava que são condições essenciais da invenção industrial: a existência da invenção, pois deve estar presente a criação intelectual; a realidade da invenção, pois a invenção precisa ser praticamente exeqüível; e a utilidade da invenção, que deve visar à satisfação de necessidades práticas do homem.

Não há dúvida sobre a enorme dificuldade em definir e conceituar a invenção. Como visto, os próprios autores mais festejados, além de reconhecerem tal dificuldade, propõem soluções redundantes, constituindo verdadeiras tautologias, como o inatacável Gama Cerqueira (*ibid.*, p.227), que afirma ser condição essencial da invenção, a existência da invenção.

De qualquer forma, retorna-se à definição de Gama Cerqueira concluindo que, para haver uma invenção, deve haver uma criação intelectual, exeqüível e útil, no sentido mais amplo. Assim, por exemplo, não seria invenção uma nave espacial (ou disco voador) para efetuar o transporte de passageiros entre a Lua e a Terra, pois não existe tal necessidade, ao menos por enquanto. Também não seria invenção um material que pudesse proteger automóveis para circular dentro dos mares, pois tal hipótese é impossível e inexeqüível, na atualidade, por problemas de oxigênio, gravidade, pressão etc.

Conceito de patente de invenção

Em clássico manual francês sobre a matéria, Bruno Phelip (85, p.3) define a patente com clareza cristalina, permitindo sua imediata compreensão:

"a patente de invenção é um título expedido pela administração pública, que confere a seu titular, durante um período determinado, um monopólio sobre a invenção e sobre suas diversas explorações industriais e comerciais".

A Organização Mundial da Propriedade Intelectual (Ompi) deu à patente a seguinte definição:

> Uma patente é o direito derivado de um recurso legal, que é conferido a uma pessoa em virtude da lei, de impedir terceiros, durante um período limitado, de realizar certos atos relativos à invenção descrita. Esse privilégio é conferido de pleno direito por uma autoridade governamental à pessoa que tem a qualidade de realizar o pedido e que cumpre as condições previstas. (80, p.1)

Definindo a patente de invenção, afirmava Gama Cerqueira:

> A patente de invenção, expedida pela administração pública, mediante o cumprimento das formalidades legais e sob certas condições, é o ato pelo qual o Estado reconhece o direito do inventor, assegurando-lhe a propriedade e o uso exclusivo da invenção pelo prazo da lei. É o título do direito de propriedade do inventor. Constitui, ao mesmo tempo, a prova do direito e o título legal para o seu exercício. Em sentido figurado significa o próprio privilégio. (21, p.202)

A patente de invenção é, na verdade, o título conferido pelo Estado ao titular da invenção, ou a seus sucessores, através do órgão competente, após a verificação das condições legais de patenteabilidade. No Brasil, tal órgão é o Instituto Nacional da Propriedade Industrial (Inpi), uma autarquia federal vinculada ao Ministério do Desenvolvimento, Indústria e Comércio Exterior, responsável pelo processamento e concessão das patentes, nos termos da Lei n. 5.648, de 11 de dezembro de 1970. O ato de concessão de uma patente é ato administrativo. Carlos Ari Sundfeld afirma:

> Também se adquirem por registro, *produzido através de ato administrativo* [grifo nosso], os direitos ao privilégio de invenção, modelo de utilidade, modelo industrial e desenho industrial, bem assim ao uso exclusivo

das marcas de indústria, de comércio e de serviço e das expressões ou sinais de propaganda. (111, p.51)

Do ponto de vista formal, a patente constitui basicamente um documento, dividido em duas partes: a primeira descreve a invenção e a técnica pertinente, chamada relatório descritivo; e a segunda são as reivindicações, caracterizadoras da invenção em si, delimitando os direitos do inventor. Podem também constar da patente desenhos que esclareçam a invenção, se for o caso. A patente concedida confere ao seu titular o direito de exploração exclusiva da invenção pelo período de vinte anos, contados da data de depósito no Inpi (art. 40, da Lei n. 9.279/96).

É importante ressaltar, como o fez Gama Cerqueira, que a patente não é criadora de direito, pois apenas reconhece o direito do inventor a sua invenção.

Neste sentido, mais uma vez, Breuer Moreno (73, p.485), tratando da matéria na Argentina, afirmava que "a patente não é a origem do direito do inventor: só reconhece a existência desse direito e origina as ações judiciais para assegurar seu gozo exclusivo por parte do inventor". De fato, a origem do direito do inventor está na invenção. O direito nasce com a criação intelectual. Como visto, porém, a invenção só terá a proteção do ordenamento jurídico se patenteada. A patente reconhece, assim, o direito do inventor à exploração exclusiva de sua invenção.

Indagar-se-ia, então, se o registro patentário é declarativo ou atributivo de direitos. Considerando que o órgão estatal apenas reconhece o direito do inventor, a conclusão de Gama Cerqueira (21, p.203) e Breuer Moreno é o registro ser declarativo. Nesse caso, o direito existe, sendo apenas reconhecido pelo registro, como se dá, por exemplo, com as criações protegidas pelo direito autoral (arts. 18 a 21 da Lei n. 9.610/98).

A posição que parece ser a mais correta é no sentido de que o registro patentário tem efeitos mistos, declarativos e constitutivos. É certo que o órgão reconhece o direito do titular da invenção e declara a sua patenteabilidade (efeito declarativo); porém, se o titular da invenção não requerer a patente, inexiste o direito de propriedade e de exploração exclusiva. Havendo, aí, o efeito atributivo do registro.

O registro de patente é, portanto, gerador de efeitos mistos, declarativos e atributivos. Declara a existência da invenção e a presença das condições legais de patenteabilidade, reconhecendo o direito do inventor a sua invenção. É também constitutivo do direito de propriedade temporária, com a conseqüente exploração exclusiva da invenção. Sem a patente, o inventor não dispõe de direito de propriedade, em conseqüência não pode impor sua exclusividade de exploração. Daí o caráter também atributivo do registro.

Para os objetivos do presente estudo, é suficiente apreender que a patente ou carta-patente é um título expedido pelo Estado, após o cumprimento de certas formalidades, que confere a seu titular direito de propriedade temporária sobre a invenção, permitindo-lhe a exclusividade de explorá-la.

A natureza jurídica da patente de invenção

Questão que sempre ocupou e atormentou os juristas ao longo do tempo é a do correto enquadramento da natureza dos direitos. A importância do tema existe, uma vez que é o adequado enquadramento do direito que permite, em conseqüência, a mais correta compreensão de seus efeitos e de sua abrangência. No presente estudo, interessa a natureza jurídica da invenção patenteada. Em contexto aproximado, encontram-se a marca registrada, a obra artística; enfim, as criações intelectuais.

O tema assume maior relevância, pois se trata de direito relativamente novo. A proteção jurídica às criações intelectuais (bens imateriais) não foi objeto de estudo no direito romano, de onde advém a conceituação dos direitos privados em geral. A proteção às criações do intelecto não se encaixa na divisão clássica do direito privado em direitos pessoais, obrigacionais e reais, em suas acepções gerais.

Em apertada síntese, a questão posta era a seguinte: tratando-se de uma criação intelectual, imaginou-se uma primeira classificação como direito pessoal, o que foi descartado por sua característica eminentemente patrimonial. Direito obrigacional também não seria, pois sua origem não é um crédito, além de buscar-se proteção *erga omnes* – o que não existe no direito obrigacional. Difícil, também, seu enquadramento como direito real, em vista da imaterialidade do bem.

A fixação da natureza jurídica das criações intelectuais foi objeto de profundos estudos, com a elaboração de diversas teorias, sobretudo no final do século passado e início do presente. Entre os autores pátrios, destacam-se três estudos que, com muita competência, examinaram e resumiram as principais teorias elaboradas sobre o assunto: são os trabalhos de Gama Cerqueira (21, p.70-147); a dissertação de mestrado de Luiz Leonardos (56) e o capítulo I da obra de José Roberto Gusmão (50).

Apesar de visar à definição da natureza jurídica da marca registrada e não da invenção patenteada, os ensinamentos de Gusmão sintetizam com muita clareza o tema. Tomou-se como referência, neste trabalho, a classificação das diversas teorias adotadas por Gusmão, que se dividem, basicamente, em três classes: teorias que determinam a natureza jurídica do direito em relação ao seu objeto; teorias que determinam a natureza jurídica do direito em relação à sua função; e teorias versando sobre a natureza jurídica do direito em relação a seu conteúdo.

Com relação a seu objeto, três são as teorias principais. Primeiro, a teoria dos direitos pessoais, ou dos direitos da personalidade, defendida por Piola Caselli, Stobbe, Beseler, Dernburg, Allfeld, Rietzler e Di Franco (*apud* 50, p.12). Tratando-se de emanação da pessoa, entendiam esses doutrinadores que se estava diante de um direito pessoal, com repercussões patrimoniais, no dizer de Caselli. Essa teoria foi largamente criticada e rejeitada em definitivo, sobretudo por confundir o objeto do direito com sua origem (a pessoa do criador).

A segunda teoria com relação ao objeto do direito é a teoria dos direitos intelectuais, defendida por Picard (*apud* 50, p.14). Esta foi a primeira teoria a reconhecer a necessidade de criação de um novo grupo de direitos. Entendia Picard que, em vista da imaterialidade dos bens, era impossível sua classificação como direito real. Defendia, assim, a existência de um quarto grupo de direitos, o dos direitos intelectuais. Picard estabeleceu uma contraposição entre o direito da propriedade real e o da propriedade intelectual, entre o corpóreo, protegível pelo direito real e o intelectual, com enquadramento próprio e à parte. A crítica endereçada a Picard se resume, justamente, no fato de ter contraposto o corpóreo com o intelectual, em vez de opor o corpóreo ao incorpóreo, pois ambos poderiam ser abraçados pelo direito real, como *res materialis* e *res immaterialis* (cf. 20, p.108).

A terceira doutrina, partindo da tese de Picard, é a teoria do direito sobre bens imateriais, defendida por Kohler (*ibid.*, p.87). O autor defendia ser impossível enquadrar tais direitos como de propriedade, por suas diversas peculiaridades e, sobretudo, em razão de sua temporariedade, justificando-se, assim, a criação de uma quarta categoria de direitos. Gama Cerqueira (21, p.112) assevera que a teoria de Kohler teve a grande vantagem de bem qualificar e definir os direitos sobre os bens imateriais; porém, também confundiu a natureza do objeto do direito – bem imaterial – com sua natureza jurídica.

A segunda classe de teorias é aquela que determina a natureza jurídica partindo da função do direito. A primeira delas foi a desenvolvida pelo festejado Doyen Roubier, clássico autor francês, chamada *teoria dos direitos de clientela*. Roubier (95) sustentava que essa categoria de direitos tem por função assegurar e proteger a clientela. Tratava-se, portanto, de teoria construída da conseqüência econômica ou da função econômica dos bens protegidos. A principal crítica exarada nessa teoria é a função do bem não indicar nem alterar a natureza do direito (cf. 75, p.271).

Segunda teoria dentro da categoria que a classifica com relação à função do bem protegido é a *teoria dos direitos de monopólio*, desenvolvida na Itália por Franceschelli. Também esse erudito pensador do direito recusava-se a incluir as criações intelectuais em uma das três categorias clássicas de divisão do direito privado, tendo sugerido uma quarta categoria, denominada *direitos de monopólio*. Tratava-se, também nesse caso, muito mais de análise de uma conseqüência econômica do fenômeno jurídico do que de uma qualificação jurídica (*apud* 50, p.22).

Por fim, as teorias que determinam a natureza jurídica com relação ao conteúdo do direito, vertendo para o direito de propriedade, demonstrando que o direito de propriedade foi o começo e o fim de toda a discussão sobre a natureza jurídica das criações intelectuais. Quem, no entanto, melhor conclui sobre a natureza de direito de propriedade é o professor Mousseron:

> Domínio de origem privada sobre um bem comum, o direito de patentes vê se afirmarem suas características absoluta, patrimonial e exclusiva e se atenuarem as limitações de sua duração. O desaparecimento progressivo de ônus excepcionais é a seqüência lógica da extensão do papel do objeto da patente sobre o nascimento de seu direito. A qualificação jurídica de tal direito se orienta, desde então, em direção às fórmulas da propriedade. As decisões legislativas recentes que definem a propriedade incorpórea fazem desta qualificação a única solução compatível ao estado atual

> do direito positivo, admitindo-se, de outro lado, que se trate de uma forma particular do direito geral de propriedade. (75, p.279)

Luiz Leonardos (56, p.99 e segs.), após aprofundado estudo das diversas teorias, em uníssono com Espínola, Carvalho de Mendonça, Teixeira de Freitas, Waldemar Ferreira, Nelson Hungria, Pontes de Miranda, Gama Cerqueira, entre outros, adota a teoria do direito de propriedade sobre as criações intelectuais, mais especificamente sobre a invenção patenteada, concluindo que:

> [...] a análise da estrutura deste direito mostrou-nos que ele é um direito absoluto, patrimonial, oponível *erga omnes*, ou seja, o seu titular dispõe do *usus*, do *fructus* e do *abusus* sobre os bens que constituem o seu objeto. As únicas diferenças sobre a propriedade comum estão, assim, no caráter incorpóreo do bem e na temporalidade do direito. Mas, nem um nem outro, como se viu, são peculiaridades que descaracterizam a essência do direito. Podemos, então, concluir a nossa pesquisa, afirmando que o direito do titular da invenção patenteada é um direito de propriedade, idêntico a qualquer outra propriedade do direito comum, como regulada no Código Civil.

Gusmão defende a criação de um regime jurídico de propriedade *sui generis*. Sustenta sua tese no fato de que não bastam para a proteção dos bens intelectuais, ou mais especificamente em seu estudo, para a proteção da marca registrada, os remédios clássicos de proteção ao direito de propriedade. No caso das criações intelectuais, além da proteção conferida pelo direito de propriedade, deve estar presente uma garantia especial, formada pelas regras referentes a contrafação, imitação etc., não previstas no direito de propriedade *tout court*. E conclui:

> Assim, ao invés de negar a aplicação do direito de propriedade sobre a marca, nosso objetivo é confirmá-la, ressaltando, porém, esse direito estar submetido a um regime jurídico *sui generis* que o diferencia em diversos pontos do direito de propriedade *tout court*, e que será muito útil revelar essa diferenciação por uma denominação significativa.

> Nossa proposta de denominar esse direito de direito de propriedade *sui generis* se insere nessa ótica, a fim de chamar a atenção do jurista ou de qualquer aplicador do direito sobre a especificidade desse direito. (50, p.47)

Feito esse levantamento das diversas teorias já desenvolvidas sobre a natureza jurídica da invenção patenteada, é necessário lembrar que o legislador brasileiro sempre classificou os direitos às criações intelectuais e, no caso específico deste estudo, o direito sobre a invenção patenteada, como direito de propriedade.

Dispõe a lei atual (9.279, de 14 de maio de 1996), no art. 6º: "Ao autor de invenção ou modelo de utilidade será assegurado *o direito de obter a patente que lhe garanta a propriedade* [grifo nosso], nas condições estabelecidas nesta lei." Sacramentando, assim, a natureza jurídica da invenção patenteada como de direito de propriedade.

CAPÍTULO II

Legislação de patentes

Do ponto de vista da história do direito, a proteção aos direitos dos inventores industriais é recente. O direito romano e o direito medieval antigo não vislumbravam tal proteção. Como lembra Eduardo Bosio (14, p.4), todo tipo de trabalho manual, em Roma, era aviltado, desprezado, reservado aos vencidos, aos escravos e, por isso, não interessava aos legisladores. Do mesmo modo, na era medieval, quando a sociedade era dividida entre senhores e servos (suseranos e vassalos), o trabalho também só cabia aos servos, caracterizando humilhação ou até punição.

Somente com o desenvolvimento das células da burguesia e do capitalismo, sobretudo nas cidades italianas, surgem as corporações de ofício, nas quais o trabalho é valorizado e as invenções estimuladas, pois geram benefícios para toda a corporação. Na verdade, o inventor era, em geral, premiado, mas a invenção passava imediatamente à propriedade da corporação, em vista do rígido sistema hierárquico existente.

O festejado comercialista Waldemar Ferreira (40, p.438) informava que: "a primeira patente para o estabelecimento de nova indústria parece ter sido outorgada pelo rei Eduardo III, em 1331. Em 1376 algumas pessoas se viram aquinhoadas com patentes de monopólio para a venda de vinhos doces na cidade de Londres". Parece claro que o mestre estava se referindo às antigas patentes, relativas aos monopólios reais de exploração de uma determinada atividade econômica. Não se tratava das patentes referentes a invenções industriais.

Considera-se que a primeira lei que conferiu aos inventores uma exclusividade, apresentando as principais características das leis contemporâneas, em matéria de patentes, foi a da República de Veneza, editada em 19 de março de 1474. Em seguida, segundo H. Pohlman (88, p.45), a instituição da patente divulgou-se na Alemanha. Em 1623, foi promulgado na Inglaterra, pelo Rei Jacques I, o Estatuto dos Monopólios. Mais uma vez, Waldemar Ferreira ressalta que, naquele país,

> a primeira patente para *new invention* data de 1561 e foi dada para o fabrico de salitre. O princípio de que deveriam patentear-se somente *new manufactures* lançou-se, pela primeira vez, em 1602, por Francis Bacon, na Casa dos Comuns. Só com o Statute of Monopolies, em 1623, foi que se deu certo regulamento ao assunto, mas isso não impediu as benemerências da Coroa. (40, p.438-9)

Nos Estados Unidos da América, a primeira lei sobre patentes foi promulgada em 1790 e revista em 1793. Em 1791, a França promulgou a sua. Essas duas leis faziam menção à situação do inventor e seu direito a uma recompensa financeira por seus esforços. No entanto, é a partir do século XIX, com o fenômeno da Revolução Industrial, que as legislações nacionais sobre patentes ganharam extensão. De 1800 a 1870, as leis sobre patentes foram adotadas na Holanda (1809), no Brasil (1809), na Áustria (1810), na Rússia (1812), na Suécia (1819), na Espanha (1826), na Itália (1859), na Argentina (1864) e no Canadá (1869).[1]

O primeiro texto a vigorar no Brasil, ainda no período colonial, foi o Alvará Real de 28 de abril de 1809, com a presença da família real na colônia e com a Carta Régia de 1808, que decretou a abertura dos portos e diversas outras providências que libertaram parcialmente o Brasil do jugo comercial de Portugal.

O Alvará Real, em seu item VI, regia:

> Sendo muito conveniente que os inventores e introdutores de alguma nova máquina e invenção nas artes gozem do privilégio exclusivo, além

[1] ONU (80, p. 34).

> do direito que possam ter ao favor pecuniário, que sou servido estabelecer em benefício da indústria e das artes; ordeno que todas as pessoas que estiverem neste caso apresentem o plano do seu novo invento à Real Junta do Comércio; e que esta, reconhecendo-lhe a verdade e fundamento dela, lhes conceda o privilégio exclusivo por quatorze anos, ficando obrigados a fabricá-lo depois, para que, no fim desse prazo, toda a Nação goze do fruto dessa invenção [...] (15)

É interessante notar que o princípio de proteção ao inventor e o interesse da coletividade já estavam claramente indicados nessa norma do início do século XIX no Brasil-colônia. A partir daí, desde a primeira Constituição pátria, sempre se previu a proteção às invenções. A Constituição do Império do Brasil, de 25 de março de 1824, em seu art. 179, n.26, já declarava a proteção das invenções através de um privilégio temporário.

Gama Cerqueira (21, p.10) noticia que, de acordo com essa Constituição, promulgou-se, em 28 de agosto de 1830, a lei que regulou a concessão dos privilégios e os direitos deles decorrentes. Informa, também, que essa primeira lei vigorou quase sem aplicação, pois, nos primeiros quinze anos de sua vigência, concederam-se apenas cinco privilégios. Em 14 de outubro de 1882, promulgou-se nova lei de patentes, a Lei n. 3.129, que vigorou até a aprovação do Decreto n. 16.264, de 19 de dezembro de 1923, surgindo a Diretoria Geral da Propriedade Industrial, órgão encarregado do registro de marcas e concessão de privilégios, vinculado ao Ministério da Agricultura, Indústria e Comércio, assumindo funções anteriormente exercidas pelas Juntas de Comércio.

Continuando o histórico, Gama Cerqueira (*ibid.*, p.36) relaciona diversas alterações legislativas ocorridas a partir de então, inclusive a que cria o Departamento Nacional da Propriedade Industrial, até a promulgação do primeiro Código da Propriedade Industrial, por meio do Decreto n. 24.507, de 29 de junho de 1934. De qualidade questionável, tal decreto foi substituído pelo Decreto-lei n. 7.903, de 27 de agosto de 1945, com longa existência, até 1967,[2] com o advento do Decreto-lei n. 254, logo substituído pelo Decreto n. 1.005, em 21 de outubro de 1969 e, em seguida, pelo novo Código

[2] Concernente à matéria penal, o Código de 1945 vigorou até a nova Lei de 1997, pois seus arts. 169 a 189 foram, sucessivamente, revigorados até sua revogação pela Lei n. 9.279/96.

de 21 de dezembro de 1971, Lei n. 5.772/71, também com longa permanência, em vigor até 1997, com a plena entrada em vigor da Lei n. 9.279/96.

A legislação atual de patentes no Brasil

Os textos em vigor no País referentes às patentes não são muitos, cabendo enumerá-los. Em primeiro lugar, a Constituição Federal, em seu art. 5º, XXIX, dispõe:

> A *lei assegurará aos autores de inventos industriais privilégio temporário para sua utilização, bem como proteção às criações industriais* [grifo nosso], à propriedade das marcas, aos nomes de empresas e a outros signos distintivos, tendo em vista o interesse social e o desenvolvimento tecnológico e econômico do País;

Foram elevados, assim, à categoria de direito constitucional, os bens protegidos pela propriedade industrial, inclusive as patentes de invenção.

A lei ordinária que regula toda a matéria referente às patentes é a Lei n. 9.279, de 14 de maio de 1996, com vigência parcial desde sua publicação (15/5/96) e vigência plena a partir de 15 de maio de 1997.[3] Importante mencionar a Lei n. 5.648, de 11 de dezembro de 1970, que criou o Inpi,[4] responsável pelo processamento e concessão das patentes.

Do ponto de vista do direito convencional, três são as convenções relativas a patentes, das quais o Brasil é partícipe:[5] a Convenção da União de Paris, da qual o Brasil é signatário desde seu surgimento, em 1883, estando atualmente em vigor o texto revisto em Estocolmo em 1967, por força do Decreto n. 1.263/94, que fixa diversas regras de proteção às patentes de invenção; o Tratado de Cooperação em Matéria de Patentes (Patent Cooperation Treaty –

---

[3] Alterada pela Lei n. 10.196, em 14 de fevereiro de 2001, que acrescentou dispositivos aos arts. 43 e 229 da Lei n. 9.279/96. Um dos temas de maior controvérsia atualmente com relação às mudanças apresentadas diz respeito ao item *c* do art. 229, que condiciona a concessão de patentes de produtos e processos à prévia anuência da Agência Nacional de Vigilância Sanitária (Anvisa). Esse órgão tem expresso poder para concordar ou não com o pedido de patente referente a medicamentos, mas não significa que possa decidir sobre a patenteabilidade em si, matéria competente ao Inpi.

[4] Atualmente equivale ao Ministério do Desenvolvimento, Indústria e Comércio Exterior.

[5] A respeito da recepção de normas internacionais pelo ordenamento jurídico brasileiro, vide MORO (74, p.143-57).

PCT), que versa sobre procedimentos integrados de depósito de patentes em diversos países, em vigor desde 31 de maio de 1978, por força do Decreto 81.742; e, por fim, mais recentemente, dentro do âmbito do antigo GATT, atualmente Organização Mundial do Comércio (OMC), há o Acordo Sobre os Aspectos dos Direitos de Propriedade Intelectual Relacionados ao Comércio (Trips), vigente no país a partir de 1º de janeiro de 1995, por força do Decreto n. 1.355, de 30 de dezembro de 1994. Esse Acordo fixa regras básicas de proteção a diversos bens intelectuais; dentre eles, as patentes de invenção.

Há também uma gama de atos normativos do Inpi. Entre eles alguns que serão indicados ao longo deste estudo, reguladores da matéria, destacando-se, sobretudo, os Atos Normativos ns. 126 a 128, que, em vista do advento da Lei de Propriedade Industrial (9.279/96), passaram a regulamentá-la.

Esse é o corpo de normas vigente no país atualmente. Como visto, houve uma grande evolução do sistema legislativo internacional e, por conseqüência, do sistema pátrio. Hoje, na verdade, nota-se forte tendência à harmonização dos sistemas legislativos de proteção às invenções, visando a uma unificação internacional.

Mais à frente do que a simples padronização de normas, há a experiência de órgãos supranacionais para processamento e concessão de patentes, como existe no âmbito do PCT e, com mais vigor, o European Patent Office (Escritório Europeu de Patentes), com sede em Munique, que concede patentes com validade nos territórios de mais de vinte países na Europa. Também o Escritório de Patentes Africano, com função idêntica em diversos países da África e em parte da América Latina, os integrantes do Pacto Andino.

É cristalina e irrevogável a tendência de internacionalização do direito de patentes, e o Brasil está preocupado em acompanhar de perto tal tendência, evitando atrasos em seu posicionamento internacional. É interessante notar que tal internacionalização é fruto de um longo processo, que vem valorando e valorizando a função e a razão das patentes, como se demonstrará na seção seguinte.

O Sistema Internacional de Patentes

No século XIX, o desenvolvimento do comércio internacional e a Revolução Industrial suscitaram a criação de um Sistema Internacional de Patentes, pela adoção da Convenção da União de Paris. Logo após a Revolução Industrial, a industrialização dos diversos países da Europa e dos Estados Unidos foi tão desenvolvida que o lucro obtido por meio do comércio internacional dos produtos manufaturados aumentou de forma considerável. Face à multiplicação das legislações nacionais sobre patentes, vislumbrou-se a necessidade de serem formuladas regras básicas de aplicação da matéria na esfera internacional. No fim do século XIX, foi reconhecido que a proteção das patentes, limitada às fronteiras nacionais, era um obstáculo à expansão das relações comerciais internacionais. Além disso, os juristas da época compartilhavam a opinião de os princípios de justiça exigirem que a invenção fosse protegida não somente no país de origem, mas em todos os países.

Determinados ramos do direito, por exemplo o direito de família ou o direito de propriedade imobiliária, podem manter suas particularidades nacionais. Para as invenções industriais, entretanto, a questão se apresenta de outra forma. As invenções não conhecem fronteiras, tendo as mesmas aplicações e funções em todo lugar (cf. 63, p.29). O inventor, portanto, deparava-se com dificuldades intransponíveis para proteger sua invenção em outros países. Essas particularidades do sistema de proteção às invenções induziram à criação de um direito supranacional, com a formação de uma união de países.

Os trabalhos preparatórios, em vista da adoção de um ordenamento multilateral, regulador da proteção a ser conferida pelas patentes, tiveram como ponto inicial a Conferência Internacional de Viena, em 1873. Após a reunião de Viena, outras conferências sucederam-se em Paris, em 1878 e 1880. Finalmente, em 1883, foi adotada a Convenção Internacional para a Proteção da Propriedade Industrial, que criava uma união intergovernamental e um território unionista.

Os signatários da Convenção eram Bélgica, Espanha, França, Grã-Bretanha, Itália, Holanda, Portugal, Sérvia, Brasil, El Salvador, Guatemala, Equador e Tunísia. Os Estados Unidos da América aderiram à Convenção em 1887 (cf. 80, p.36). A Convenção criou a União de Paris para a Proteção da Propriedade Industrial e os países signatários são chamados de países unionistas.

O antigo diretor-geral da Organização Mundial da Propriedade Intelectual, G. H. C. Bodenhausen, distinguiu quatro categorias principais de regras da Convenção de Paris:

> 1. Inicialmente disposições de direito internacional público regulamentam os direitos e obrigações dos Estados membros e instituem os órgãos da União estabelecidos pela Convenção, bem como disposições de caráter administrativo;
> 2. Em segundo lugar, a Convenção contém disposições que obrigam os Estados membros a legiferar no domínio da propriedade industrial onde se lhes permita fazê-lo.
> 3. Uma terceira categoria de dispositivos da Convenção concerne o direito material da propriedade industrial relativa aos direitos e obrigações de partes privadas, mas somente na medida em que essas disposições exigem que a legislação nacional dos Estados membros se aplique a essas partes.
> 4. Por fim, uma quarta categoria de disposições da Convenção contém regras de direito material relativas aos direitos e obrigações de partes privadas [...] regras cujo conteúdo pode reger diretamente a situação considerada. (13)

As principais regras do ponto de vista de organização da Convenção são: o caráter revisionista e a possibilidade de adesão de novos membros. A Convenção não é estática, isto é, foi previsto ela poder ser submetida a revisões. Efetivamente, revisões sucessivas tiveram lugar: Revisão de Bruxelas (1900), de Washington (1911), de Haia (1925), de Londres (1934), de Lisboa (1958) e de Estocolmo (1967). O segundo ponto importante, sob ângulo formal, é novos membros poderem aderir à Convenção. Graças a essa regra, a Convenção de Paris, possuindo 14 signatários iniciais, conta hoje com cerca de 166 países membros.[6] Os novos membros são compelidos a aderir ao texto da última revisão.

A Convenção, por outro lado, instituiu duas regras consideradas os princípios fundamentais do sistema internacional de proteção à propriedade industrial: o *tratamento nacional* e o *direito de prioridade*.

Segundo a regra de tratamento nacional, ou de assimilação aos nacionais, os cidadãos de cada Estado membro gozarão, em outros Estados membros, no que concerne à proteção de propriedade industrial, das vantagens que as leis desses outros países acordam, ou poderão acordar no futuro, aos seus nacionais (art. 2°). O art. 3° da Convenção estipula que os nacionais dos países não-membros da União, mas que possuem estabelecimentos industriais ou comer-

---

[6] Até 31/12/2003. Fonte: www.wipo.int.

ciais efetivos e sérios no território de um dos países da União, têm os mesmos direitos (assimilação) que os nacionais dos países da União.

Em relação ao direito de prioridade, o art. 4° da Convenção confere às pessoas que fizeram depósito de uma patente de invenção, de um modelo de utilidade, de um desenho industrial, de uma marca de indústria, de comércio ou de serviço, em um dos países da União, um prazo (prioridade) para efetuar o depósito nos outros países da União. Em conseqüência, o depósito realizado em um dos outros países da União, dentro do referido prazo, não poderá ser invalidado por fatos praticados por terceiros dentro desse intervalo (art. 4º, *b*). O prazo de prioridade é de doze meses para as patentes de invenção e modelos de utilidade, e de seis meses para os desenhos industriais e para as marcas de indústria e comércio (art. 4º, *c*).

São tais regras que permitem falar na existência de um sistema internacional de patentes. Nos países da União, os estrangeiros e os nacionais têm o mesmo tratamento legal, e, além disso, o depósito de uma patente, em um país da União, confere a seu titular, unionista ou assimilado, o prazo de um ano para solicitar a proteção da invenção nos outros países-membros.

Verificadas as características fundamentais da proteção internacional às patentes, é necessário examinar, resumidamente, os fundamentos jurídicos e econômicos que justificaram a existência da patente no século XIX e quais são estes fundamentos na atualidade. Do século XIX aos dias de hoje, as motivações do instituto e a função da patente evoluíram bastante. Tal evolução não é surpreendente considerando que as indústrias e todas as relações econômicas internacionais sofreram uma enorme evolução em um século.

No século XIX, após as discussões para a elaboração de um sistema jurídico internacional de propriedade industrial, os representantes dos países envolvidos e os juristas de diversas nacionalidades chegaram, de uma maneira geral, à formulação de quatro fundamentos principais para a existência da patente, como forma de proteção das invenções. O direito temporário de exploração exclusiva da invenção conferido ao inventor recompensa-lhe por seu trabalho intelectual; reconhece o direito de criação do inventor; incentiva os inventores a revelarem suas invenções; e estimula a atividade inventiva.

Como ressaltado pelo relatório elaborado conjuntamente pela ONU, a Conferência das Nações Unidas sobre o Comércio e o Desenvolvimento (Cnuced) e a Ompi:

> Com as discussões apaixonadas às quais a questão das patentes deu lugar no período de 1820-1873 e que terminaram com a vitória dos partidários da patente e a apresentação, na Conferência de Viena de 1873, de projetos visando elaborar uma convenção internacional sobre patentes, os argumentos filosóficos cederam lugar a argumentos econômicos. Em particular, os defensores de que a concessão de patentes confere um monopólio, consideravam essa prática se justificar por ser um meio, dentre outros: de aportar ao inventor uma recompensa justa e merecida; de estimular a atividade inventiva; e de encorajar os inventores a revelar seus segredos à sociedade de modo a acrescer a massa dos conhecimentos acessíveis ao público, ainda que não exploráveis por ele. (80, p.1)

Quase idênticos são os fundamentos mencionados por Anderfelt (4, p.35), em estudo sobre as patentes e os países em desenvolvimento:

> Quatro considerações independentes são geralmente mencionadas como os motivos originais formadores do instituto de patentes: a utilidade da revelação à sociedade; o incentivo à atividade inventiva; a justa compensação ao inventor; e o direito do inventor sobre sua criação.

Verifica-se que existiam fundamentos representativos dos interesses da sociedade (segundo e terceiro do relatório, e primeiro e segundo de Anderfelt); e outros fundamentos protegendo o titular da invenção.

Conforme observação de Casimir Akerman, as motivações ou fundamentos do instituto possuíam nitidamente um caráter econômico de recompensa (remuneração) do inventor, ou de desenvolvimento econômico da sociedade graças ao progresso técnico:

> Conferindo ao inventor, por alguns anos (variando em geral de cinco a vinte), o direito de ser o único a exercer sua atividade em um campo determinado, a coletividade se impede de utilizar o objeto da patente e de desenvolver qualquer outra atividade em seu domínio, salvo, bem entendido, com o consentimento de seu titular.
>
> Por mais exorbitante que esse constrangimento possa parecer em uma primeira abordagem, ele se justifica, de uma parte, por uma idéia elementar de justiça: outorgar uma recompensa àquele que, por seus esforços ou

> por seu gênio, criou coisas novas, dando uma solução aos problemas técnicos cuja resolução corresponde às necessidades sociais; e, de outra parte, pelas vantagens diretas e indiretas que a própria coletividade retira.
> Para assegurar esse direito de monopólio, o inventor deve, em primeiro lugar, divulgar sua invenção, para que na duração legal de sua patente, todo o mundo possa dela se beneficiar. A coletividade evita, assim, a perda de numerosas invenções preciosas e desencoraja, ao mesmo tempo, sua conservação em um círculo restrito.
> Estimulando e encorajando o espírito de invenção pela concessão de um direito exclusivo e obrigando os concorrentes do titular a pesquisar técnicas novas para estarem em condições de manter sua concorrência, as patentes contribuem para o desenvolvimento econômico e para o progresso técnico, e realizam uma melhora nas condições materiais da vida. (1, p.3)

Diversas críticas foram feitas ao sistema de patentes e, obviamente, às motivações de existência do sistema. O fundamento da recompensa do inventor por seu trabalho foi criticado, sobretudo, com base no argumento de que o monopólio temporário de exploração da invenção concedido ao inventor era uma recompensa arbitrária. Os partidários de tal argumento sustentavam não ser possível avaliar se a recompensa dada ao inventor era justa ou não, pois o monopólio é igual para todas as invenções, a despeito da diferença de valor de cada uma.

Essa crítica é desprovida de uma análise econômica da patente. Com efeito, o monopólio, ou melhor, o direito de exploração exclusiva, é conferido em um mesmo território, por um prazo idêntico para cada invenção. Porém, tal exclusividade só trará recompensa econômica ao inventor caso a invenção seja explorada. É o sucesso da invenção que o recompensará economicamente, visto que, se a invenção não for explorada, o inventor não obterá nenhuma vantagem.

O reconhecimento do direito do inventor sobre sua criação também foi contestado. Os críticos afirmavam não ser o fundamento válido considerando que, a despeito da proteção conferida pelas patentes, algumas obras do espírito são excluídas de proteção, como certas criações não-patenteáveis, (por exemplo, os métodos contábeis) e as invenções excluídas do domínio da patenteabilidade, que serão estudadas mais adiante.

Certos autores, além disso, sem contestar o direito de propriedade intelectual, afirmavam que deveria ser feita a distinção entre a justificação da proteção dos bens materiais dos imateriais (62, p.281): "O direito de excluir terceiros do uso de determinadas coisas materiais é necessário para seu uso eficiente [...] O direito de excluir outros do uso de uma idéia demanda uma justificativa de bases totalmente diferentes".

Incentivar os inventores a revelarem suas invenções era uma motivação baseada no princípio segundo o qual qualquer interessado pode explorar a invenção após a extinção da patente, ou seja, a partir da expiração do título jurídico que confere exclusividade de exploração da invenção. Com a proteção da invenção pela patente, é certo não se perder a invenção com a morte do inventor que a teria guardado em segredo. Ao contrário, pela publicação da patente, tem-se acesso à informação atualizada sobre o conteúdo do estado da técnica.

Esse terceiro fundamento foi criticado, em primeiro lugar, por se argumentar que a quantidade de invenções não patenteadas, isto é, mantidas em segredo, é significativa em comparação com as invenções patenteadas. Concluía-se, assim, que somente as invenções impossíveis de se manter em segredo seriam patenteadas. Penrose (84, p.33) dizia que: "invenções são de fato patenteadas somente quando o segredo é impossível". Pode ocorrer, com efeito, que o inventor prefira guardar a invenção secreta a possuir a proteção da patente, uma vez que, com o segredo ele pode ter a exclusividade independentemente das formalidades administrativas, ilimitada no tempo e escapando do risco de contrafação, visto que a invenção jamais foi descrita. O grande perigo é a perda do segredo, pois não há proteção legal para a invenção não patenteada, salvo nos casos de concorrência desleal, como previsto no art. 195, XI e XII, da Lei n. 9.279/96.

Outra afirmação dos críticos era que com a velocidade atual da evolução tecnológica, principalmente da tecnologia de ponta, após a expiração da patente (normalmente vinte anos), a tecnologia patenteada poderia estar ultrapassada, possuindo, por conseqüência, pouco ou nenhum valor para a sociedade.

Em relação ao estímulo à atividade inventiva, os críticos diziam não se poder medir a influência desta no sistema de patentes. Segundo eles, não havia condições materiais para verificar se, a despeito da inexistência do sistema de patentes, poder-se-ia atingir o mesmo nível tecnológico existente hoje. Defendiam, ainda, que a tecnologia teria podido desenvolver-se independentemente da proteção jurídica, em razão das necessidades da humanidade e do gênio criador, inerente à natureza humana.

A despeito de todas as críticas aos fundamentos das patentes e à patente em si, ela sobreviveu até os dias atuais. O sistema de patentes e suas motivações, entretanto, sofreram uma forte evolução, como já afirmado. No entanto, é, principalmente, em função das causas econômicas que tais motivações alcançaram uma nova forma:

> Os três argumentos desenvolvidos no século XIX em favor das patentes – recompensar, encorajar e divulgar as invenções – foram depois reforçados por outros. Os mais importantes são: a outorga ou a concessão de direitos exclusivos durante um período limitado ajuda o titular ou o licenciado a empreender uma produção nova e a encontrar os recursos financeiros e outros de que ele necessite; e o sistema de patentes constitui o fundamento jurídico da compra e venda de informações técnicas. (80, p.49)

Moralmente, há a função de dar ao inventor, por meio do direito de exploração exclusiva, o tempo suficiente para se recompensar do trabalho intelectual desenvolvido, ou, como ocorre na maioria dos casos, recompensar os investimentos realizados pelos centros de pesquisa, universidades ou empresas envolvidos. Hoje, a patente é muito mais um instrumento de política de empresa, visto que o direito exclusivo confere ao titular da patente a oportunidade de explorar a invenção, sem concorrência, durante um período determinado. Ela serve, também, como meio de se reservar o mercado de um determinado produto. Como afirma Penrose (84, p.89): "Com a expansão e maior complexidade das relações internacionais, as patentes foram cada vez mais utilizadas para proteger os mercados internacionais, e a concessão de patentes para estrangeiros ganhou um novo significado econômico".

Nesse mesmo sentido, Oppenlander analisa as novas motivações econômicas do instituto da patente:

> Como instrumento da política da empresa, a patente constitui um meio de evitar que os concorrentes ofereçam o mesmo produto e os exclui do

> mercado. Ela oferece à empresa a possibilidade de ganhar considerável liberdade de ação em face da concorrência [...] Em uma estratégia comercial de longo prazo, a política dos produtos busca, essencialmente, assegurar à empresa, por meio de produtos novos ou fortemente melhorados, um avanço notável sobre a concorrência. (81, p.537)

Tullio Ascarelli, sempre avançado para sua época, já defendia a importância dos conhecimentos tecnológicos e de sua correta proteção:

> O patrimônio dos conhecimentos técnicos representa, hoje, o mais precioso de nossos bens econômicos, e, por isso, a disciplina das invenções industriais, que se une com o desenvolvimento da técnica, assume enorme importância. Para se ter idéia, deve-se pensar nas numerosas invenções cuja utilização converge em grande parte para aqueles aparelhos – do rádio, ao telefone, ao automóvel, ao bonde, à luz, ao ferro de passar roupa, à locomotiva e assim por diante – que temos quotidianamente embaixo dos olhos. (6, p.538)

Apesar de o festejado mestre italiano referir-se à importância da tecnologia no período após a Segunda Guerra Mundial, de mais valia ainda são seus ensinamentos hoje, quando o conhecimento tecnológico possui mais valor do que seus próprios meios de aplicação, como máquinas, dispositivos, instalações, produtos etc.

Considerando, ainda, a globalização da economia e internacionalização do capital, não resta dúvida de que, diferentemente de diversas teses levantadas na década de 1970, nos dias atuais, os países só poderão crescer e sobreviver se integrados à economia mundial. Já estão deveras ultrapassadas as teorias de protecionismo, que só causaram atraso a países como Brasil, México, Índia, China e países do Leste Europeu, entre outros. Não há como escapar às regras da integração internacional. Quando muito, é cabível certo protecionismo temporário ou localizado, como é o caso dos eventuais blocos regionais como Europa, Mercosul, Nafta. Neste sentido, qualquer país desejoso de participar ativamente, e se beneficiar da economia global, necessita, entre outros fatores, possuir um sistema de proteção adequado à propriedade intelectual, protegendo as patentes, sinais distintivos, *softwares*, *chips* etc.

A existência de um correto sistema de proteção à propriedade intelectual, além de ser exigência dos parceiros internacionais, é uma das bases para o investimento estrangeiro no país. Sobretudo do investimento produtivo, o mais almejado, em oposição ao investimento meramente no mercado financeiro, que, apesar de também desejado, é de alto risco, como visto na crise do México, em meados da década de 1990.

Aliás, a existência de uma proteção efetiva, especificamente das patentes, no Brasil, foi objeto de notórias pressões dos Estados Unidos da América, que viam no sistema precedente a causa de diversos prejuízos para determinadas indústrias norte-americanas, sobretudo do ramo farmacêutico. Além das pressões diplomáticas, os Estados Unidos, no final da década de 1980, impuseram sanções econômicas à importação de alguns produtos brasileiros, em contrapartida à falta de proteção de patentes para os produtos farmacêuticos em território brasileiro.

Essa crise, que culminou com a promulgação da nova Lei de Propriedade Industrial, em 1996, foi devidamente estudada pela jornalista Maria Helena Tachinari, em sua obra *A Guerra das Patentes* (O conflito Brasil–EUA sobre a propriedade intelectual), publicada em 1993, com prefácio de Fernando Henrique Cardoso, na ocasião, Ministro de Estado das Relações Exteriores. Nessa obra, há interessante resumo dos benefícios atuais do sistema de patentes, segundo a Associação da Indústria Farmacêutica de Pesquisa (Interfarma), associação dos laboratórios farmacêuticos internacionais:

> A proteção patentária para os produtos da propriedade intelectual trará uma série de benefícios para o país. Dentre os mais evidentes, destacam-se poderosos estímulos: a) no sentido de induzir capitais internacionais de risco que aqui se encontram a reinvestir seus lucros, bem assim a que novas empresas aqui passem a investir; b) abertura de oportunidade de trabalho conjunto entre empresas de capital nacional e estrangeiro, via acordos comerciais, tais como: licenciamento; co-marketing, *joint-ventures*, a exemplo do acontecido em outros países; c) oportunidade para o Brasil ingressar definitivamente nos círculos mundiais de pesquisas básicas e/ou aplicadas, de reais benefícios para a ciência e a tecnologia nacionais; d) encorajamento à entrada mais rápida, no mercado brasileiro, das mais recentes descobertas da medicina mundial – a bem do paciente brasileiro, ca-

> rente de novas terapias; e) estímulo ao pesquisador nacional, para que invista mais do seu tempo e talento, seguro de que poderá ser recompensado, além de ver sua descoberta respeitada (vale recordar, a esse respeito, a descoberta, pelo IPEN, do hormônio de crescimento – seus descobridores não poderão patenteá-la no Brasil); f) a empresa nacional se sentirá mais encorajada a, individualmente ou associada a outras, investir em pesquisa básica e aplicada, necessária ao futuro científico do país; g) estímulo às empresas nacionais e às internacionais ao investimento em pesquisas de doenças tropicais, área de alto interesse para o Brasil, mas que recebe recursos infinitamente abaixo das nossas necessidades concretas; h) possibilidade de as empresas internacionais se utilizarem do país como base exportadora mundial, principalmente das novas moléculas, cujo processamento envolve alta agregação de valor – em benefício, inclusive, da arrecadação de tributos federais (IPI), estaduais (ICMS) e, conseqüentemente, dos municípios que deles participam. (112, p.89)

É inegável que persiste, como fundamentos para a concessão de patentes, o desejo de recompensar o inventor por seu trabalho e de estimular a atividade inventiva. Esses fundamentos de ordem jurídica, econômica e até moral abrangem, também, nos dias atuais, as grandes corporações que investem milhões de dólares por ano em pesquisa e esperam, sem sombra de dúvida, serem recompensadas economicamente por tais pesquisas com os benefícios resultantes do domínio de novas tecnologias, patenteadas ou não (17, p.48).

Em volumoso trabalho sobre o tema, Nuno T. P. Carvalho defende que a função principal do sistema de patentes seria propiciar à sociedade um instrumento eficiente para a medição do valor das invenções e, portanto, reduzir os custos de transação. Afirma o articulista:

> O sistema de patentes existe porque é a única instituição jurídica que possibilita ao inventor a atribuição de um preço sobre a tecnologia e, ao mesmo tempo, permite à sociedade a medição, com razoável eficácia, da adequação daquele preço. A lógica fundamental que preside ao sistema de patentes é a redução dos custos de transação. (*ibid.*, p.48)

Apesar das particularidades do vocabulário do texto, mais integrado à ciência econômica que à jurídica, não parece ser esse o entendimento mais correto. É fato que a existência da patente, por ser um título jurídico de propriedade, facilita a negociação de contrato de cessão ou de licença para exploração da invenção. Não é, porém, a única possibilidade de atribuição de um preço à invenção. Caso contrário, inexistiriam os contratos de cessão ou licença de tecnologia não patenteada (*know-how*), tão comuns. Ademais, como visto, o sistema de patentes tem função mais ampla do que a simples facilitação da fixação de um preço para as invenções.

Conclui-se, portanto, que houve variação e sofisticação dos fatores que justificam e exigem a existência de um sistema de proteção de invenções no país. Entretanto, não há dúvida de que, nos dias atuais, o sistema é benéfico não só para os inventores locais, mas, sobretudo, para as empresas internacionais, grandes depositantes de patentes, porém, com conseqüências positivas imediatas para o Brasil, como país receptor de tecnologia e de investimentos estrangeiros.

Se, do ponto de vista econômico, é impossível vislumbrar a inexistência do sistema de patentes no Brasil, também do ponto de vista do direito internacional, o país está obrigado a manter efetiva proteção às patentes de invenção, nos termos dos acordos internacionais dos quais participa, como a Convenção de Paris e o Trips. No âmbito da Organização Mundial do Comércio, o país está obrigado a conferir proteção às patentes nas condições estabelecidas naquele acordo, sob pena de lhe serem impostas sanções de caráter econômico.

CAPÍTULO III

Deficiência dos atos jurídicos

Como afirmado, considerando que o objeto do presente trabalho é o estudo das condições de obtenção e, na ausência delas, a conseqüente nulidade das patentes de invenção, será necessário, preliminarmente, compreender a sistemática jurídica das deficiências dos atos jurídicos em geral. A questão é deveras tormentosa e, por si só, também já seria farta o bastante para uma tese, quiçá um tratado. Além de ser questão longa e complexa, é daquelas que ensejam o mais amplo debate entre os estudiosos, e nos estritos objetivos deste trabalho, só é cabível uma análise breve da questão, visando à compreensão do tema em particular – as nulidades das patentes de invenção.

Penas ilustres já procuraram descrever esse fenômeno jurídico. Por exemplo, o festejado Pontes de Miranda dedicou um volume inteiro de seu *Tratado de Direito Privado* exclusivamente ao tema. Entre outros, o renomado jurista francês Planiol (87, p.119) afirmava que "A teoria das nulidades é uma das mais obscuras que existem no direito civil". No mesmo sentido, Clóvis Beviláqua (12, p.326): "A teoria das nulidades é ainda vacillante na doutrina, circunstancia que, aliada á falta de nitidez dos dispositivos legais, á ausencia de principios directores do pensamento em funcção legislativa, tem dado a este assumpto um aspecto particularmente rebarbativo".

A teoria das nulidades ou, mais precisamente, da deficiência dos atos jurídicos, não estava prevista, nos termos atuais, no direito romano – o que dificulta ainda mais seu estudo, como ressalta o ministro Moreira Alves:

> Essas noções relativas à nulidade e à anulabilidade no direito moderno não se aplicam exatamente ao direito romano. No direito romano clássico não há, propriamente, a anulabilidade do negócio jurídico. Os negócios jurídicos admitidos pelo *ius civile* eram válidos ou nulos: não havia meio termo. (2, p.204)

No mesmo sentido, confirmava o renomado civilista Espínola, esclarecendo, ainda, que a diferenciação entre atos nulos e anuláveis era bem diversa da noção atual, pois os atos nulos tinham sua invalidade prevista no *ius civile*, isto é, na própria norma; e atos anuláveis tinham sua invalidade decretada por decisão pretoriana:

> Até bem pouco tempo se costumava apontar a separação aguda da nulidade e da anulabilidade, como sendo mais um sinal da grandeza do direito romano. Atualmente, muitos escritores não reconhecem que a distinção se justifique conceitualmente; para eles a diferença é puramente histórica: em Roma os atos jurídicos seriam algumas vezes ineficazes perante o direito civil e, portanto, nulos, outras vezes sua invalidade seria devida à jurisprudência pretória – negócios anuláveis. Sendo assim, uma vez que já não existe a dualidade do direito civil e pretório, teria cessado a razão de ser da diferença. (36, p.598)

Conclui-se, portanto, que os jurisconsultos romanos já tratavam da questão da invalidade dos atos jurídicos, porém com conceitos e classificação absolutamente diferentes da compreensão moderna do tema.

Embora com essas dificuldades iniciais, a doutrina moderna reconhece que a questão da deficiência dos atos jurídicos há de ser apreciada em três planos: da existência, da validade e da eficácia.[1] O CC pátrio só tratou da questão do ato nulo e do ato anulável, ou seja, a questão da validade dos atos jurídicos. A distinção atual entre a inexistência e a invalidade do negócio ju-

[1] Nesse sentido, há o trabalho específico de AZEVEDO (7).

rídico surgiu no direito moderno por influência do jurista alemão K. S. Zacharie, no século passado.[2]

Atualmente, defende-se que a aferição da validade do ato jurídico não pode ser feita sem a verificação prévia de sua existência. Nesse sentido, Pontes de Miranda afirmava (89, p.6-7): "Para que algo valha é preciso que exista. Não tem sentido falar-se de validade ou invalidade a respeito do que não existe. A questão da existência é questão prévia. Somente depois de se afirmar que existe é possível pensar-se em validade ou invalidade".

A diferenciação entre ato nulo e ato inexistente já era defendida por Clóvis Beviláqua (12, p.330), que, inclusive, pretendia incluí-la no CC. Esclarecia o festejado civilista que:

> Compreende-se que a transição entre o ato nulo e o inexistente é suave; desliza a mente de um para o outro como que insensivelmente; não obstante, a distinção é real, porque o primeiro sofre de um vício essencial, que o desorganiza e desfaz: é um enfermo condenado à morte; o outro não tem existência jurídica; será, quando muito, a sombra de um ato, que se desvanece, desde que a consideremos de perto. (*ibid.*, p.331-2)

No mesmo diapasão, o renomado Carvalho Santos, com cristalina clareza, indicava que o ato é inexistente quando lhe falta um elemento essencial a sua formação, de tal sorte que se não pode conceber o ato. E mais: em vista da inexistência, sequer há necessidade de anular o ato, pois ele não chegou a ter realidade, mas somente aparência:[3]

> Na doutrina moderna, admite-se a distinção entre o ato nulo e inexistente, aceitando-se como certo, por conseguinte, que o ato pode ser inexistente, nulo ou anulável. O ato é inexistente, sem dúvida alguma, quando

[2] ALVES (2, p.203): "Quando falta ao negócio jurídico um dos seus elementos essenciais à existência, diz-se, modernamente, que o negócio jurídico é inexistente. A distinção entre inexistência e invalidade (nulidade ou anulabilidade) é devida ao jurista alemão K. S. Zacharie von Lingenthal, que a fez em sua obra *Handbuch des Franzoesischen Zivilrechts*, cuja primeira edição é de 1808". No mesmo sentido, PLANIOL (87, p.121) e GARCEZ (44, p.9).

[3] Muito clara, por sua vez, a explanação de Planiol (*op.cit.*, p.122): "*Nous avons trois mots à notre disposition: annulable, nul, inexistant et trois situations à distinguer: 1º: l'acte que la loi n'a pas besoin d'annuler parce qu'il n'est pas arrivé à l'existence; 2º: l'acte annulé de plein droit par la loi; 3º.: l'acte annulé par jugement. Le mot inexistant désignerait les actes de la première classe; le mot nul ceux de la seconde et le mot annulable ceux de la troisièm*".

> lhe falta um elemento essencial à sua formação, de tal sorte que se não pode conceber o ato, dada a ausência daquele elemento. Logo, fere à vista, a inexistência é coisa bem diversa da nulidade, por isso, se o ato é inexistente, a lei não tem necessidade de anulá-lo, por isso que, em verdade, ele não chegou a se transformar em verdadeiro ato, não chegou a ter realidade. (98, p.227)

Não há dúvida, portanto, de que o exame da eficiência do ato jurídico passará pela verificação dos três planos: da existência, da validade e da eficácia, desenvolvidos e caracterizados mais adiante.

Essa diferenciação dos planos da existência, validade e eficácia, entretanto, não é pacífica. Os irmãos Mazeaud (65, p.420), por exemplo, prelecionavam que a teoria da inexistência do ato jurídico é não somente inútil; mas, mais do que isso, é falsa. Com o mesmo entendimento, Silvio Rodrigues (94, p.316) afirma que a diferenciação entre ato inexistente e ato inválido é inexata, inútil e inconveniente. Inexata, uma vez que a aparência de existência implica, necessariamente, no recurso judicial para sua descaracterização; inútil, pois a noção de nulidade a substitui com vantagem; e inconveniente, por gerar dúvidas sobre a possibilidade do reconhecimento judicial de inexistência, quando a declaração de nulidade já está prevista na lei.

Apesar do respeito devido às penas ilustres dos irmãos Mazeaud e de Silvio Rodrigues, é mais correto o entendimento moderno que reconhece a presença de três planos de eficiência do ato jurídico: da existência, validade e eficácia do ato. Algumas hipóteses encontram-se no direito de família e de sucessões. Por exemplo, o casamento realizado em peça teatral ou em festa junina é inexistente, sendo desnecessário perquirir-se sobre sua validade e eficácia. O casamento de bígamos é existente, inválido e parcialmente eficaz, pois produz efeitos se houver prole (art. 1.561 do CC). O testamento, enquanto viver o testador, pode ser existente e válido, porém é ineficaz.

No próprio direito comercial, podemos citar o caso do aval inexistente, quando o avalista assina o título antes do obrigado garantido e este não subscreve o título. A garantia dada pelo avalista cai no vazio, caracterizando o ato inexistente (LUCCA, 60). No caso de uma assinatura de aval falsificada, estaremos diante de um ato nulo; e uma assinatura aposta em erro ou coação, por exemplo, caracteriza o ato anulável.

Feita a apresentação dos três planos de eficiência do ato jurídico, é necessária a indicação das características de cada um deles. O professor Junqueira de Azevedo, em obra específica sobre o assunto (7, p.39), indica que o negócio jurídico, examinado no plano da existência, precisa de elementos para existir; no plano da validade, precisa de requisitos para ser válido; e no plano da eficácia, de fatores que o tornem eficaz. Com mais precisão, para que o ato seja eficiente no plano da existência, isto é, para que o ato exista para o direito, é necessário estarem presentes os elementos essenciais de existência do ato.

Para alguns, os elementos essenciais são o consentimento, o objeto e a causa (72, p.263). Com maior rigor técnico, Junqueira de Azevedo (7, p.44) sintetiza que os elementos gerais de qualquer negócio jurídico são: "a) intrínsecos (ou constitutivos): forma, objeto e circunstâncias negociais; e b) extrínsecos (ou pressupostos): agente, lugar e tempo do negócio." A ausência de qualquer desses elementos induz à inexistência do ato. O mestre Planiol (87, p.129), com maestria, já afirmava que o ato inexistente somente se revela na aparência e definia: "Um ato é inexistente quando nele falta um elemento essencial à sua formação e tal que não se pode concebê-lo na falta desse elemento".

A questão da invalidade dos atos jurídicos é de mais fácil compreensão do que a da existência, visto que expressamente prevista no Código Civil brasileiro. Dispõe o Código que os atos inválidos podem ser nulos ou anuláveis. Para alguns autores, seria mais correta a diferenciação entre nulidade absoluta e nulidade relativa; por exemplo, Washington de Barros Monteiro (72, p.264): "Na hora presente, a clássica e fundamental divisão das nulidades é a das nulidades absolutas e das nulidades relativas". O entendimento dominante, entretanto, é o ato eivado de nulidade relativa ser o ato anulável. E, tratando-se de ato nulo, não há razão para se falar em nulidade absoluta, pois toda nulidade seria absoluta. A mais correta, portanto, é a dicotomia entre ato nulo e ato anulável. Nesse sentido, Planiol (87, p.128), Ruggiero (96, p.332), Clóvis Beviláqua (12, p.330), Pontes de Miranda (89, p.31),[4] Maria Helena Diniz (32, p.448), Silvio Rodrigues (94, p.309), entre outros.

[4] "A nulidade, diz-se, é absoluta; nulidade relativa é a anulabilidade. Devemos evitar os dois adjetivos 'absoluta' e 'relativa' porque, empregando-os em diferentes sentidos e baralhando a esses, a cada momento, os juristas e juízes cometem erros sem conta. O sentido adequado de relatividade e de absolutidade é o referente aos 'limites subjetivos da eficácia': relativa é a eficácia só atinente a um, ou alguns; absoluta, a eficácia 'erga omnes'."

O ato nulo agride o senso de legalidade de uma forma mais grave do que o ato simplesmente anulável. Diversos autores procuraram indicar a diferenciação entre o ato nulo e o anulável. Destacam-se, entre eles, as seguintes diferenciações:

Moreira Alves leciona que:

> Entre o negócio nulo e o anulável há, modernamente, as seguintes distinções principais:
> a) o negócio jurídico nulo não produz nenhum de seus efeitos, ainda que não haja declaração judicial da nulidade; o anulável produz todos os efeitos jurídicos normais, até que, judicialmente, seja anulado;
> b) qualquer pessoa pode invocar a nulidade do negócio jurídico; somente determinadas pessoas, a que o direito objetivo se refere, podem pleitear a anulação;
> c) o negócio jurídico nulo é insanável; o anulável pode ser sanado;
> d) a pretensão de nulidade é imprescritível; a de anulação prescreve. (2, p.203)

Carvalho Santos também enumerou as diferenças entre ato nulo e ato anulável:

> a) o ato nulo não produz efeitos; o ato anulável produz todos os seus efeitos, enquanto se não anula;
> b) o ato nulo o é em face de qualquer pessoa; o ato anulável pode ser invalidado somente no interesse das pessoas a quem a lei confere o direito de anulá-lo;
> c) o ato nulo não pode ser sanado; o ato anulável pode ser sanado pela confirmação, ratificação ou qualquer outro modo admitido em direito;
> d) os efeitos da nulidade são *ex tunc*; os efeitos da anulação são *ex nunc*. (98, p.232-3)

Feita, assim, a distinção entre ato nulo e ato anulável, conclui-se com Clóvis Beviláqua que:

> São actos nullos (de pleno direito) os que, inquinados por algum vicio essencial, não podem ter efficacia jurídica [...] Actos annullaveis (depen-

> dentes de rescisão) denominam-se os que se acham inquinados de vicio capaz de lhes determinar a inefficacia, mas que poderá ser eliminado, restabelecendo-se, assim, a normalidade do acto. (12, p.337-8)

E Carvalho Santos (98, p.225) define a nulidade: "É o vício que retira todo ou parte de seu valor a um ato jurídico, ou o torna ineficaz apenas para certas pessoas". Concluindo que:

> A conseqüência da nulidade, sempre foi reconhecida em doutrina, é a completa ineficácia do ato nulo, não só em relação às partes, senão também, geralmente, com relação a todas as pessoas que, nas suas relações jurídicas, pudessem depender da influência do ato, no caso de ser válido. (*ibid)*

Quanto às causas de nulidade, o jurisconsulto Martinho Garcez, escrevendo antes da edição do CC, de 1916, elaborou o seguinte rol de causas das nulidades:

> 62. São causas de nulidade de pleno direito:
> 1ª Ausência de consentimento;
> 2ª Erro destruidor do consentimento [tratado pelo CC como causa de anulabilidade, art.171, II];
> 3ª Incapacidade absoluta;
> 4ª Falta de objeto ou objeto ilícito;
> 5ª Falta de causa ou causa ilícita;
> 6ª Condição impossível ou obrigação ilícita nos contratos a título oneroso;
> 7ª Inobservância da forma estabelecida na lei;
> 8ª Preterição de solenidade substancial para a existência do ato e fim da lei;
> 9ª Ato nulo declarado por lei;
> 10ª Violação de preceitos legais que interessam à ordem pública e aos bons costumes;
> 11ª Violação de lei proibitiva ou imperativa. (44, p. 66)

Já o festejado Espínola indicava as seguintes:

> a) a falta absoluta de capacidade; a ilicitude ou impossibilidade do objeto;
> b) a inobservância das formalidades impostas pela lei, para a constituição

> do ato e existência de uma declaração eficaz (*ad pompam et solemnitatem*); ou violação de certas prescrições legais, impostas por necessidade de ordem pública e em atenção aos bons costumes. (36, p.600)

Efetivamente, o CC dispõe, em seus arts. 166 e 167:

> Art. 166. É nulo o negócio jurídico quando:
> I – celebrado por pessoa absolutamente incapaz;
> II – for ilícito, impossível ou indeterminável o seu objeto;
> III – o motivo determinante, comum a ambas as partes, for ilícito;
> IV – não revestir a forma prescrita em lei;
> V – for preterida alguma solenidade que a lei considere essencial para a sua validade;
> VI – tiver por objetivo fraudar lei imperativa;
> VII – a lei taxativamente o declarar nulo, ou proibir-lhe a prática, sem cominar sanção.
> Art. 167. É nulo o negócio jurídico simulado, mas subsistirá o que se dissimulou, se válido for na substância e na forma.

Já o ato inválido é anulável por razões menos graves: em vista de uma falta relativa à capacidade e por vícios que atacam a vontade do agente. Dispõe o art. 171, do CC: "Além dos casos expressamente declarados na lei, é anulável o negócio jurídico: I – por incapacidade relativa do agente; II – por vício resultante de erro, dolo, coação, estado de perigo, lesão ou fraude contra credores".

A invalidade de patente é, em geral, caso de nulidade e não de anulabilidade, como desenvolvido em detalhe no capítulo I, da segunda parte deste trabalho. Por ora, é interessante reter apenas a diferenciação entre os atos nulos e os anuláveis.

Dentro dessa complexa matéria, tormentosa também é a questão da prescrição da ação para declarar a nulidade. Moreira Alves (2, p.203), Silvio Rodrigues (94, p.314), Orlando Gomes (48, p.353-4), dentre outros, entendem que o ato nulo é imprescritível. Por sua vez, os irmãos Mazeaud (65, n.354) defendiam que, na França, a ação prescreve no prazo máximo, de trinta anos. Já Barros Monteiro (72, p.265) e Maria Helena Diniz (32, p.453)[5] en-

---

[5] "A nulidade, em regra, não prescreve (*RT* 505/66); as exceções se dão quando expressamente estabe-

tendem que a nulidade poderá prescrever, em casos excepcionais, no prazo máximo previsto na lei, ou seja, dez anos, nos termos do art. 205, do CC.

Quanto ao plano da eficácia, possui um duplo sentido. No primeiro sentido, mais amplo, compreende-se que, como regra, o ato inexistente ou inválido será ineficaz. Ressaltem-se as exceções legais, por exemplo, o casamento de bígamos ou o casamento putativo que, apesar de nulo aquele e inexistente este, produzirão efeitos para a prole e o cônjuge de boa-fé. O segundo sentido da eficácia é o caso do ato existente, válido, porém, provisoriamente, ineficaz, repetindo os termos de Guggenheim (*apud* 7, p.63).É o caso do ato sujeito à condição suspensiva, como o testamento, enquanto vivo estiver o testador.

---

lecidas pela lei (CC, arts. 1.548 e 1.549) ou quando o negócio jurídico for de cunho patrimonial (*RT* 129/96, 417/161, 459/196 e 466/93), caso em que o prazo prescritivo será de dez anos, se a lei não estipular prazo menor, por força do art. 205 do CC (*RT* 432/81; 433/93), sendo a anulabilidade argüida em prazos prescritivos mais ou menos exíguos ou em prazos decadenciais (CC, arts. 178 e 179)."

CAPÍTULO IV

Invalidade do ato administrativo

A concessão de patente é ato administrativo, cabendo indagar se a teoria geral das nulidades ou das deficiências do ato jurídico se aplica diretamente ao ato administrativo, ou melhor, no tema deste estudo, se a teoria geral das nulidades se aplica ao ato de concessão da patente de invenção.

Hely Lopes Meirelles (66, p.196-7) defendia que, em vista do princípio da legalidade, o ato administrativo será sempre legal ou ilegal, válido ou inválido. Não se aplicando a distinção, típica do direito civil (privado), de atos nulos e anuláveis. No mesmo sentido, o entendimento de Régis Fernandes de Oliveira (79, p.133-6) e de Carlos Ari Sundfeld, que afirma:

> Os atos jurídicos devem ser produzidos com observância da norma superior. Isso não impede, contudo, o surgimento de atos inválidos (leis inconstitucionais, sentenças e atos administrativos ilegais). Embora inválidos, acabam sendo aplicados e produzindo efeitos. Para retirá-los do mundo jurídico, desfazendo os efeitos produzidos, o Ordenamento prevê formas adequadas para sua invalidação (também chamada de anulação). (110, p.85)

Seabra Fagundes (37, p.60) preleciona que os casos de nulidade e anulabilidade previstos no CC não se adaptam perfeitamente ao direito administrativo. Para o renomado administrativista, a melhor classificação seria: atos absolutamente inválidos, relativamente inválidos e os apenas irregulares.

Já o professor Celso Antônio Bandeira de Mello (68, p.409-30), apesar de reconhecer que a teoria das nulidades no direito privado e no direito administrativo merece tratamento distinto, sustenta que as categorias dos atos inexistentes, nulos e anuláveis aplicam-se também no direito administrativo, declarando que "a categorização dos vícios no direito público e no direito privado é que apresenta distinções mais acentuadas; já as conseqüências, não obstante alguma desigualdade, são muito próximas".

Por sua vez, com muita clareza, o ilustre José Cretella Júnior esclarece que a teoria das nulidades presente no Código Civil brasileiro retrata muito mais uma teoria geral das nulidades do que apenas a teoria das nulidades no direito privado. Portanto, é válida também para o direito administrativo:

> a teoria das nulidades, num plano genérico, não é peculiar a nenhum dos ramos do direito, porque comum a ambos, sendo seus princípios informativos estabelecidos pela Teoria Geral do Direito com elementos fornecidos pelos diversos ramos em que se subdivide a ciência jurídica.
>
> [...]
>
> Neste particular, parece mesmo que o direito administrativo, nesta matéria, recebe os princípios gerais do direito civil, quando na realidade, por isso mesmo que gerais, não se circunscrevem a um dos ramos especiais do direito. (26, p.220)

Ressalte-se que Cretella Júnior (27) mantém a mesma opinião em obra recente, específica sobre a matéria. No mesmo diapasão, com cristalina clareza, a professora Teresa Arruda Alvim Wambier (117, p.115-6), em estudo sobre as nulidades da sentença, afirma que a teoria das nulidades tal como tratada no CC é matéria de Teoria Geral do Direito, aplicando-se a todas as áreas do direito, cada qual com suas particularidades.

Declara a renomada processualista filiar-se à corrente que sustenta a aplicação no direito público, em particular no direito administrativo, das regras de nulidade do Código Civil, apesar do debate existente acerca da matéria:

> E, finalmente, há aqueles que sustentam haver, no direito administrativo, atos nulos, anuláveis e inexistentes, podendo aplicar-se, com ressalvas sig-

> nificativas (ou adaptações) ora doutrinárias, ora legais, ora jurisprudenciais, as regras do direito privado. Pode-se dizer aproximadamente o mesmo a respeito do direito processual civil, por tratar-se também de ramo do direito público. (*ibid.*, p.126)

É esse também o entendimento de Humberto Theodoro Júnior (113) e Arruda Alvim (*apud* 117, p.122), que se depararam com o tema no estudo do direito processual civil, ramo do direito público, e concluíram que a teoria geral das nulidades do CC aplica-se, *mutatis mutandis* ao direito público.

Como já dito, o interesse específico deste estudo é a invalidade da patente de invenção. Não é possível, portanto, dentro dos limites do tema, aprofundar o estudo sobre as nulidades no direito administrativo e as diferentes correntes de entendimento sobre a matéria. Como visto, a patente de invenção é um título expedido pela administração pública, após a tramitação de um processo administrativo e fruto de uma decisão (ato) administrativa. Trata-se, então, de eventual invalidade de ato administrativo que, na espécie, será classificada, mais adiante, como ato nulo.

Levando sempre em consideração as particularidades dos atos administrativos, conclui-se ser aplicada para eles a teoria geral das nulidades; mais especificamente, as regras do ato nulo do CC, acompanhando, nesse entendimento, os ensinamentos dos mestres Cretella Júnior, Bandeira de Mello e Teresa Arruda Alvim Wambier, entre outros.

Dentro do âmbito deste estudo, conclui-se ainda que, tratando-se o ato de concessão de patente de ato administrativo, praticado por autarquia federal – o Inpi –, sua invalidade é caso de nulidade, aplicando-se as regras gerais do CC, com as particularidades da própria Lei de Propriedade Industrial. Esse entendimento norteará o estudo das causas e efeitos das nulidades das patentes de invenção, que será explicitado na segunda parte deste trabalho, depois de vistas as condições determinadas pela legislação de propriedade industrial com relação à concessão das patentes.

PARTE II

Condições Legais de Obtenção e Causas de Nulidade das Patentes de Invenção

Para que uma invenção possa ser objeto de proteção patentária, isto é, para a outorga do título de propriedade (carta-patente) pela autoridade competente, o Inpi, é necessário que satisfaça certas condições estabelecidas pela lei. Ascarelli (6, p.513), comentando o direito italiano, ressalta que a outorga da patente não é fruto de poder arbitrário da administração pública, devendo ter lugar quando estejam presentes os pressupostos legais, como ato vinculado.

Tais condições podem ser classificadas como de fundo ou mérito, relativas ao conteúdo da invenção; e de forma, concernentes ao processamento e conteúdo do pedido de patente. As expressões *condições de patenteabilidade* e *requisitos de patenteabilidade* podem ser tratadas como sinônimas. Nesse sentido, Plácido e Silva:

> Requisito: Do latim *requisitum* (reclamado, exigido), etimologicamente designa o vocábulo a condição, que se requer ou que se exige a fim de que a coisa se mostre perfeita ou para que se obtenha o fim desejado. Requisito, portanto, é a condição imposta ou a condição reclamada. Juridicamente, este é o sentido do vocábulo: a condição legal, exigida ou imposta para que tudo se faça de acordo com a regra jurídica. Desse modo,

> requisitos da coisa entendem-se as condições em que a coisa se deva mostrar. E requisitos do ato, as condições exigidas para que o ato se execute e possa surtir os desejados efeitos. (29, p.1.356)

As causas de nulidade das patentes são de naturezas várias. Para os fins deste estudo, as causas de nulidade são classificadas da seguinte maneira:

- tendo em vista seu objeto: por inexistência de invenção; por versar sobre obras do espírito excluídas do conceito legal de invenção; por versar sobre matérias excluídas do campo de patenteabilidade.
- por não preencher as condições de fundo ou de mérito de patenteabilidade, ou seja, por falta dos requisitos de novidade, atividade inventiva e aplicação industrial.
- por não preencher as condições de forma, classificadas em três categorias: requisitos do depósito do pedido de patente, conteúdo do pedido de patente ou os requisitos redacionais do pedido e o respeito ao devido processo legal de obtenção da patente).
- a patente de invenção pode ser inválida quando tiver sido concedida contrariando direitos de terceiros (capítulo IV).

No direito europeu, as causas de nulidade são classificadas de forma deveras semelhante à classificação anterior. Visando à harmonização da União Européia, alguns países europeus assinaram, em 1973, um tratado multilateral, denominado Convenção de Munique, que instituiu um escritório centralizado de exame e concessão de patentes, com validade nos territórios dos países contratantes.[1] É a patente européia. A Convenção enumera, em seu art. 138,[2] as causas de nulidade da patente:

---

[1] Convenção Sobre a Concessão de Patentes Européias, assinada em Munique, em 5/10/1973, criou o Escritório Europeu de Patentes (European Patent Office), habilitado para o exame e a concessão de patentes, com validade em diversos países da Europa. Dispõe o art. 1º da Convenção: "É instituído pela presente convenção um direito comum aos Estados contratantes em matéria de concessão de patentes de invenção". Atualmente são 30 os Estados integrantes da Convenção: Alemanha, Áustria, Bélgica, Bulgária, Chipre, Dinamarca, Espanha, Eslováquia, Eslovênia, Estônia, Finlândia, França, Grécia, Hungria, Irlanda, Itália, Letônia, Liechtenstein, Lituânia, Luxemburgo, Mônaco, Países Baixos, Polônia, Portugal, Reino Unido, República Tcheca, Romênia, Suécia, Suíça e Turquia. Albânia, Bósnia-Herzegóvina, Croácia, Macedônia e Sérvia e Montenegro serão os próximos Estados a incorporarem o sistema da patente européia (Croácia já a partir de 1/4/2004). (Cf. http://www.european-patent-office.org/epo/members.htm).

[2] "1 – Sob a reserva das disposições do art. 139º a patente européia só pode ser declarada nula, em conseqüência da legislação de um Estado contratante, com efeito sobre o território desse Estado: a) Se

- ter a patente objeto não privilegiável, nos termos dos arts. 52 a 57[3] da Convenção, isto é, não enquadrar-se no conceito legal de invenção, estar a invenção compreendida dentro das matérias não patenteáveis ou estar ausente qualquer um dos três requisitos de fundo de patenteabilidade: novidade, atividade inventiva e aplicação industrial;
- em hipótese de patente que não expõe a invenção de forma suficientemente clara e completa para que um homem do *métier* possa executá-la, ou seja, a insuficiência da descrição – trata-se de condição de forma, como será visto;
- em caso do objeto da patente se estender além do inicialmente reivindicado (outra condição formal);
- se o depositante da patente não tinha o direito de requerê-la.

---

o objecto da patente européia não for patenteável nos termos dos arts. 52º e 57º; b) Se a patente européia não descrever a invenção de forma suficientemente clara e completa para que um perito na matéria a possa executar; c) Se o objecto da patente européia se estender para além do conteúdo pedido tal como foi depositado ou, quando a patente for concedida na base de um pedido divisionário ou de um novo pedido depositado em conformidade com as disposições do art. 61º; d) Se a protecção conferida pela patente européia for alargada; e) Se o titular da patente européia não tiver o direito a obter nos termos do art. 60º, parágrafo 1. 2 – Se os motivos da nulidade só afectarem a patente européia em parte, a nulidade é pronunciada sob a forma de uma limitação correspondente da referida patente. Se a legislação nacional o admitir, a limitação pode ser efectuada sob a forma de uma modificação das reivindicações, da descrição ou dos desenhos." (versão oficial)

[3] Art. 52 (invenções patenteáveis): "1 – As patentes européias são concedidas para as invenções novas que implicam uma actividade inventiva e são susceptíveis de aplicação industrial. 2 – Não são consideradas como invenções no sentido do parágrafo 1 particularmente: a) As descobertas assim como as teorias científicas e os métodos matemáticos; b) As criações estéticas; c) Os planos, princípios e métodos no exercício de actividades intelectuais, em matéria de jogo ou no domínio das actividades económicas, assim como os programas de computadores; d) As apresentações de informações. 3 – As disposições do parágrafo 2 apenas excluem a patenteabilidade dos elementos enumerados nas ditas disposições na medida em que o pedido da patente européia ou a patente européia apenas diga respeito a um desses elementos considerado como tal. 4 – Não são considerados como invenções susceptíveis de aplicação industrial no sentido do parágrafo 1 os métodos de tratamento cirúrgico ou terapêutico do corpo humano ou animal e os métodos de diagnóstico aplicáveis ao corpo humano ou animal. Esta disposição não se aplica aos produtos, especialmente às substâncias ou composições, para utilização num desses métodos". (versão oficial)

Art. 54 (novidade): "1 – Uma invenção é considerada nova se não fizer parte do estado da técnica. 2 – O estado da técnica é constituído por tudo o que foi tornado acessível ao público antes da data do depósito do pedido de patente européia por uma descrição escrita ou oral, utilização ou qualquer outro meio. 3 – É igualmente considerado como incluído no estado da técnica o conteúdo dos pedidos de patente européia, tais como foram depositados, que têm uma data de depósito anterior à mencionada no parágrafo 2 e que não foram publicados, em virtude do art. 93º senão nessa data ou em data posterior. 4 – O parágrafo 3 só é aplicável na medida em que um Estado contratante designado no pedido ulterior o era igualmente no pedido anterior publicado. 5 – As disposições dos parágrafos 1 a 4 não excluem a patenteabilidade, para a execução de um dos métodos citados no art. 52º, parágrafo 4, de uma substância ou composição compreendida no estado da técnica, com a condição de que a sua utilização para qualquer método referido no dito parágrafo não esteja compreendida no estado da técnica". (versão oficial)

Art. 55 (divulgações não oponíveis): "1 – Para aplicação do art. 54º, uma divulgação da invenção não é tida em consideração se não houver ocorrido antes dos seis meses que precedem o depósito do pedido de patente européia e se resultar directa ou indirectamente: a) De um abuso evidente em relação ao requerente ou ao seu antecessor de direito; ou b) Do facto de o requerente ou o seu antecessor legal ter exposto o invento em exposições oficiais ou oficialmente reconhecidas nos termos da Convenção Respeitante às Exposições Internacionais, assinada em Paris em 22 de Novembro de 1928 e revista pela última vez em 30 de novembro de 1972. 2 – No caso citado na alínea b do parágrafo 1, este último só é aplicável se o requerente declarar, na altura do depósito do pedido, que a invenção foi realmente exposta e apresentar um certificado comprovativo da sua declaração no prazo e nas condições previstos no regulamento de execução". (versão oficial)

Art. 56 (atividade inventiva): "Uma invenção é considerada como envolvendo uma actividade inventiva se, para um perito da técnica, não resultar de uma maneira evidente do estado da técnica. Se o estado da técnica abranger documentos citados no art. 54º, parágrafo 3, estes não são tidos em consideração para a apreciação da atividade inventiva". (versão oficial)

Art. 57 (aplicação industrial): "Uma invenção é considerada como susceptível de aplicação industrial se o seu objecto puder ser fabricado ou utilizado em qualquer tipo de indústria, incluindo a agricultura". (versão oficial).

CAPÍTULO I

Objeto da patente de invenção e nulidades dele decorrentes

Evidentemente, para que haja proteção é necessária a existência de invenção. Discute-se, doutrinariamente, a existência de invenção ser ou não requisito ou condição de patenteabilidade. Decorre da lógica a necessidade de invenção para, como conseqüência, tratar-se de sua proteção jurídica, ou seja, de sua patenteabilidade. Independente da discussão doutrinária ou metodológica, é certo ser *conditio sine qua non* para a proteção jurídica a existência de seu objeto, que, no caso da patente, é a invenção.

Gama Cerqueira defendia que, antes de verificar a presença dos requisitos de patenteabilidade, é necessário investigação sobre a existência de invenção propriamente dita:

> A noção de invenção privilegiável, entretanto, pressupõe forçosamente o conceito de invenção, pois privilegiável é a invenção que satisfaz aos requisitos legais de que depende a concessão do privilégio. A existência de invenção, portanto, constitui pressuposto essencial da aplicação da lei: se existe invenção, aplica-se a lei; se não existe, a lei não é aplicável. O direito do inventor nasce do fato da invenção e não se realiza sem esta. Desse modo, *em face de um pedido de patente, é sempre necessário verificar, em primeiro lugar, se existe, realmente, invenção, no sentido técnico desta pala-*

> *vra* [grifo nosso]; e no caso afirmativo, se a invenção preenche as condições da lei. [...] Os requisitos legais da invenção privilegiável não se confundem com os característicos da invenção, considerada como um ente tecnológico. (21, p.209)

Pontes de Miranda, embora não tenha aprofundado a questão, também parece pressupor a existência da invenção, e somente após tal constatação, verificar os requisitos de patenteabilidade. Versando sobre a condição de novidade da invenção, o tratadista afirmava:

> Novidade – *Se existe a invenção* [grifo nosso], que se tenha como nova, segundo o conceito da lei, que é o de criação de novo objeto, que satisfaça necessidade de produção ou de consumo (industrialidade da invenção), nasce o direito formativo gerador à aquisição da propriedade, mediante o requerimento, feito à autoridade administrativa, de patenteação. (89, p.288)

Parece claro para o tratadista, portanto, a existência da invenção ser pressuposto para a averiguação dos demais requisitos, por exemplo, o da novidade.

Os professores Chavanne e Burst, interpretando o direito europeu, também concluem pela existência de invenção como uma condição independente de patenteabilidade. Destacam, ainda, que as regras do Escritório Europeu de Patentes prevêem expressamente a existência da invenção como condição de patenteabilidade:

> As Diretivas adotadas pelo Conselho de Administração do Escritório Europeu de Patentes esclarecem a respeito desses textos: As condições fundamentais de patenteabilidade são em número de quatro: *deve haver invenção* [grifo nosso], a invenção deve ser suscetível de aplicação industrial, a invenção deve ser nova, a invenção deve implicar uma atividade inventiva. (22, p.61-2)

No mesmo sentido, Mousseron (75, p.173), em menção introdutória ao estudo das condições de patenteabilidade, afirma que:

> Nós observaremos, portanto, alternadamente, as quatro condições positivas de patenteabilidade decorrentes da *presença de uma invenção* [grifo nosso] (Subseção 1), suscetível de aplicação industrial (Subseção 2), nova (Subseção 3) e inventiva (Subseção 4).

Discordando dos autores mencionados, Mathély defende que, metodologicamente, essa não é a melhor classificação, pois a existência da invenção não é uma condição de patenteabilidade, mas o objeto em si da proteção:

> Alguns autores professam que a existência de uma invenção é a primeira condição de patenteabilidade. É confundir o objeto e as condições da proteção. A invenção não é uma condição de patenteabilidade; ela é o objeto. E a invenção é patenteável se apresenta certas características. São essas características, determinantes da invenção patenteável, que constituem as condições de patenteabilidade. (63, p.57)

O entendimento do mestre Mathély, do ponto de vista conceitual, é o mais correto. Efetivamente, a presença da invenção em si não é condição de patenteabilidade, mas determina a existência ou não de objeto da relação jurídica. É fato que, para haver direito subjetivo – no caso, proteção patentária –, pressupõe-se a existência do bem protegível, previsto na lei: a invenção.

A lei brasileira não traz nenhuma exigência explícita sobre a existência de invenção. Prevê, entretanto, o art. 6º, da Lei n. 9.279/96: "Ao autor de invenção ou modelo de utilidade será assegurado o direito de obter a patente que lhe garanta a propriedade [...]". Da mesma forma, o art. 8º: "É patenteável a invenção que atenda aos requisitos de novidade, atividade inventiva e aplicação industrial". É possível concluir pela leitura dos artigos que, para a obtenção da patente, é necessária a existência de invenção.

Apesar de a melhor interpretação ser a que metodologicamente não considera a existência de invenção como um dos requisitos ou condições de patenteabilidade, é forçoso admitir ser obrigatório perquirir a existência de invenção, antes de verificar as condições de patenteabilidade. Trata-se de verificação de existência do objeto da relação jurídica.

Retorna-se, assim, à matéria tratada anteriormente, sobre o conceito de invenção, para afirmar que, para a concessão de patente de invenção, antes de serem verificadas as condições legais de patenteabilidade, é necessária a certeza de haver a invenção: uma criação intelectual, praticamente exeqüível e com finalidade também prática e real.

A maioria dos autores, como Gama Cerqueira, Pouillet, Ramella, divide as invenções em três categorias distintas: produtos, meios e aplicações novas. Chavanne e Burst (22, p.69-92) estabelecem a mesma classificação, denominando os meios de processos e esclarecendo que *meios* e *processos* são expressões sinônimas. Assim, as categorias seriam de: produtos, processos e aplicações novas.

A questão dos produtos não oferece maiores dificuldades, sendo, inclusive, desnecessário definir o que seja um produto. Os meios ou processos são os agentes, órgãos ou procedimentos que geram a obtenção de um resultado ou de um produto. Essa é a clássica definição do mestre Pouillet (90, n.28), adotada também por Gama Cerqueira (21, p.296) e Chavanne e Burst (22, p.74), por exemplo. Por fim, a nova aplicação de meios conhecidos é definida como o emprego de agentes, órgãos e processos conhecidos para obter um produto ou resultado diferente daquele para cuja obtenção tais meios são comumente empregados (cf. 20, p.301).

Chavanne e Burst indicam que a noção de nova aplicação compreende três elementos: a aplicação de um meio conhecido, a obtenção de um produto ou resultado industrial e a novidade da aplicação (22, p.84). É importante, neste momento, a fixação da noção de combinação, que é uma das modalidades de aplicação de meios conhecidos. A combinação é a reunião de meios conhecidos para a obtenção de um resultado de conjunto novo. É essencial o resultado de conjunto, que caracteriza a combinação[1] em si e não de cada elemento associado, exercendo a sua função própria, como se estivesse isolado. Do contrário, haveria simples justaposição de meios conhecidos, a qual não é protegível (cf. 20, p.303). Na justaposição, cada elemento justaposto ou reunido exerce sua função própria, não havendo resultado de conjunto pela associação dos elementos.

A justaposição era expressamente excluída de proteção patentária pela lei anterior. Dispunha o art. 9º, *e*, da Lei n. 5.772/71: "Não são privilegiáveis: *e)* as justaposições de processo, meios ou órgãos conhecidos, a simples mudan-

[1] "Combinar – do latim *combinare* – juntar, reunir" (cf. 52).

ça de forma, proporções, dimensões ou de materiais, salvo se daí resultar, no conjunto, um efeito técnico novo ou diferente, não compreendido nas proibições deste artigo". A lei atual não traz dispositivo expresso nesse sentido.

É fato que a não-patenteabilidade da mera justaposição de meios conhecidos ou das modificações de forma, proporções, dimensões, materiais etc. decorre da falta do requisito da atividade inventiva, que será estudado mais adiante, e não da inexistência de invenção propriamente dita. Por tal razão, o legislador de 1996 (Lei n. 9.279) entendeu ser desnecessária a presença de dispositivo expresso sobre tal matéria, uma vez que a presença do novo requisito de patenteabilidade, da atividade inventiva, já abrange a matéria.

Ressalte-se, ainda, que, para a proteção da invenção, não há investigação sobre sua qualidade. É descabido perquirir sobre o valor econômico, valor intrínseco ou qualquer gradação axiológica sobre a utilidade da invenção. Para a proteção da obra artística, da mesma forma, não se discute a qualidade estética do desenho, da escultura ou da música, por exemplo. Tratando-se de criação intelectual, que preencha os requisitos legais, já é cabível a proteção legal, independente da importância econômica ou relevância da invenção.[2] Nesse sentido, já alertava Breuer Moreno:

> Importância econômica ou mérito do resultado industrial obtido – A importância econômica do resultado industrial obtido não influi sobre a patenteabilidade da invenção. Pode ocorrer que o resultado seja, no momento, antieconômico, comparado com outros resultados conhecidos. (73, p.112)

Independentemente, portanto, de sua qualidade, uma vez presente a invenção, em seu sentido técnico, passa-se à averiguação se estão presentes as condições legais de patenteabilidade.

Para a validade do objeto da patente, além de ser necessária a presença da invenção, no sentido técnico da palavra, o legislador pátrio achou por bem

---

[2] *Vide* a sentença proferida pela dra. Lana Maria Fontes Regueira, MMa. Juíza da 8ª Vara Federal da Seção Judiciária do Rio de Janeiro, na ação ordinária 0772120-0, publicada no DORJ-III, 02.07.1993, p.111: "[...] A Lei n. 5.772/71 *não distingue, para que a invenção seja suscetível de proteção patentária, seja ela complexa ou simples, gerada por acidente ou detalhado e custoso trabalho de pesquisa*, contemplando, apenas, se o fato inventivo (não o processo pelo qual se chegou à invenção) reveste-se de novidade, o que, aliás, sequer é questionado pela Autora nestes autos".

definir o que não seja invenção, excluindo, assim, de eventual proteção patentária, os objetos a seguir explicitados. Dispõe o art. 10 da Lei n. 9.279/96:

> Art. 10. Não se considera invenção nem modelo de utilidade:
> I – descobertas, teorias científicas e métodos matemáticos;
> II – concepções puramente abstratas;
> III – esquemas, planos, princípios ou métodos comerciais, contábeis, financeiros, educativos, publicitários, de sorteio e de fiscalização;
> IV – as obras literárias, arquitetônicas, artísticas e científicas ou qualquer criação estética;
> V – programas de computador em si;
> VI – apresentação de informações;
> VII – regras de jogo;
> VIII – técnicas e métodos operatórios ou cirúrgicos, bem como métodos terapêuticos ou de diagnóstico, para aplicação no corpo humano ou animal; e
> IX – o todo ou parte de seres vivos naturais e materiais biológicos encontrados na natureza, ou ainda que dela isolados, inclusive o genoma ou germoplasma de qualquer ser vivo natural e os processos biológicos naturais.

O primeiro deles, a descoberta, como visto, não se enquadra na definição de invenção. Na descoberta, ausente está a criação intelectual, que é um dos elementos intrínsecos da invenção. Idêntica é a situação do inc. IX, que trata dos seres vivos encontrados na natureza. Não se trata de invenção, mas de mera descoberta. No caso das concepções puramente abstratas faltam os elementos intrínsecos da invenção, de utilidade e executoriedade. Aos esquemas, planos, princípios ou métodos comerciais, financeiros, contábeis e às técnicas e métodos terapêuticos falta o requisito da aplicação industrial, além de, por sua natureza, não serem passíveis de exclusividade de utilização, equiparando-se às idéias em si, não passíveis de proteção jurídica, pois somente a aplicação prática e original de uma idéia é que será, eventualmente, passível de proteção.

As obras literárias, artísticas, arquitetônicas, as regras de jogo e a apresentação de informações são expressamente excluídos do conceito de invenção e protegidos pelo direito de autor (Lei n. 9.610/98), bem como os programas de computador, que, por sua especificidade, são amparados por lei própria (9.609, de 19 de fevereiro de 1998).

Matérias excluídas de patenteabilidade

Por fim, quanto à validade do objeto da patente de invenção, além da obrigatoriedade da presença da invenção, ela deve estar incluída no campo das matérias patenteáveis. Diversos diplomas legais, entre eles o brasileiro, excluem de patenteabilidade determinadas matérias, por razões várias. As matérias excluídas o são, em geral, em vista de uma determinada política industrial adotada pelo país, com maior ou menor protecionismo a setores específicos. Nesses casos, pode até haver invenção, porém ela não é patenteável.

O código anterior, Lei n. 5.772/71, tinha como matérias excluídas, entre outras, os produtos farmacêuticos (medicamentos), os produtos alimentícios, os processos de obtenção de ambos, além dos produtos químicos, protegendo-se os processos de obtenção destes últimos.[3] Tratava-se de dispositivo legal que tinha por objetivo a proteção da indústria local de tais produtos. Acreditava-se, também, que a inexistência de patentes geraria diminuição nos preços, sobretudo dos medicamentos, em benefício dos consumidores.

Sem adentrar no longo debate acerca deste tema, é importante ressaltar que, em primeiro lugar, verificou-se que os objetivos não foram atingidos – não houve florescimento da indústria genuinamente brasileira química e farmacêutica, e tampouco tais produtos, sobretudo os medicamentos, baixaram de preço. Por outro lado, em vista da posição do Brasil dentro da globalização da economia e das obrigações assumidas no âmbito da Organização Mundial do Comércio (OMC), o país estava compelido, por razões econômicas e políticas, a retirar de seu ordenamento a proibição à patenteabilidade das invenções de tais setores. A matéria passou a ser regulada pelo art. 18 da nova Lei da Propriedade Industrial, que dispõe não serem patenteáveis:

---

[3] Alíneas *b* e *c* do art. 9º, da Lei n. 5.772/71: "*b)* as substâncias, matérias ou produtos obtidos por meios ou processos químicos, ressalvando-se, porém, a privilegiabilidade dos respectivos processos de obtenção ou modificação; *c)* as substâncias, matérias, misturas ou produtos alimentícios, químico-farmacêuticos e medicamentos, de qualquer espécie, bem como os respectivos processos de obtenção ou modificação".

> [...]
> I – o que for contrário à moral, aos bons costumes e à segurança, à ordem e à saúde públicas;
> II – as substâncias, matérias, misturas, elementos ou produtos de qualquer espécie, bem como a modificação de suas propriedades físico-químicas e os respectivos processos de obtenção ou modificação, quando resultantes de transformação do núcleo atômico; e
> III – o todo ou parte dos seres vivos, exceto os microorganismos transgênicos que atendam aos três requisitos de patenteabilidade – novidade, atividade inventiva e aplicação industrial – previstos no art. 8º e que não sejam mera descoberta.
> Parágrafo único. Para os fins desta Lei, microorganismos transgênicos são organismos, exceto o todo ou parte de plantas ou de animais, que expressem, mediante intervenção humana direta em sua composição genética, uma característica normalmente não alcançável pela espécie em condições naturais.

O inc. I não clama por maiores comentários. Trata-se de princípio geral de direito de proteção do bem comum, de interesse geral da coletividade. Efetivamente, até pelo requisito geral de que todo ato jurídico terá objeto lícito (arts. 185 e 104, II, do CC), é impossível a patenteação de invenções com objetos ilícitos, como os contrários à moral, aos bons costumes, à segurança, à ordem e à saúde públicas.

O inc. II exclui de patenteabilidade as invenções relacionadas com a transformação do núcleo atômico. A lei anterior também já excluía tal matéria.[4] Trata-se, aqui, de questão de política interna do país. Por razões de segurança, não se estimula nem se protege as invenções relacionadas à energia nuclear.

As invenções relacionadas aos seres vivos é uma matéria que, por sua importância econômica, modernidade e caráter litigioso, merece um breve aprofundamento. Os estudos relacionados à biotecnologia são tidos como dos mais importantes da atualidade, em vista de suas implicações na geração de alimentos e de medicamentos, por exemplo. A biotecnologia compreende

[4] Lei 5.772/71, art. 9º: "Não são privilegiáveis: [...] *j)* as substâncias, matérias, misturas, elementos ou produtos de qualquer espécie, bem como a modificação de suas propriedades físico-químicas e seus respectivos processos de obtenção ou modificação, quando resultantes de transformação do núcleo atômico".

qualquer técnica que usa organismos vivos (ou parte deles) para fabricar ou modificar produtos, aperfeiçoar plantas ou animais e desenvolver microorganismos para usos específicos (cf. 119, p.17). Portanto, encarada genericamente, a biotecnologia é ciência bastante antiga, já utilizada pelas diversas culturas humanas, por exemplo, na fabricação do pão, do vinho, da cerveja e, mais recentemente, dos antibióticos. Nos dias atuais, a biotecnologia muito evoluiu, sobretudo com a constatação e domínio da cadeia de DNA, para a manipulação genética, criação de microorganismos e demais seres vivos.

O art. 18, III, determina que a patenteabilidade de seres vivos só é autorizada para microorganismos transgênicos, isto é, microorganismos com alterações genéticas, em vista da manipulação humana.[5] Não se protegem, portanto, as alterações genéticas de animais ou plantas. Ressalte-se que, tanto no que concerne às matérias relativas à transformação do núcleo atômico, como as relativas a microorganismos, o Brasil estava autorizado a restringir a patenteabilidade, nos termos do acordo de Trips.[6]

Como dito, a questão da patenteabilidade das invenções biotecnológicas é de suma importância nos dias atuais, no mundo inteiro. Joseph Straus identifica os três tipos de invenções biotecnológicas:

> a) produtos, compreendendo organismos de origem natural ou artificial, tais como animais, plantas e microorganismos; materiais biológicos, como plasmídeos e vírus; e suas partes, como órgãos, tecidos, células e organelas; substâncias de ocorrência natural a partir de organismos vivos, materiais biológicos e suas partes;

---

5 Para a Ompi, microorganismos são "organismos vivos microscópicos, capazes de se auto-replicarem ou estarem contidos em organismos hospedeiros, onde possam se incorporar e sejam replicáveis mediante replicação de hospedeiros" (*apud* 116, p.133). Outras definições constantes da mesma obra: "microorganismos são organismos procariontes, isto é, são aqueles que não têm o núcleo diferenciado, como os vírus, as bactérias, alguns fungos e as cianobactérias" e "microorganismos são 'um reino à parte dos animais e vegetais, denominado protista, e que inclui espécies que carecem de diferenciação tissular em qualquer das fases de seu ciclo biológico'" (*ibid.* p.135).

6 Trips, art. 27.3.b, no que se refere aos microorganismos ("Os Membros também podem considerar como não patenteáveis [...] plantas e animais, exceto microorganismos e processos essencialmente biológicos para a produção de plantas ou animais, excetuando-se os processos não biológicos e microbiológicos") e art. 27.2 ("Os Membros podem considerar como não patenteáveis invenções cuja exploração em seu território seja necessário evitar para proteger a ordem pública ou a moralidade, inclusive para proteger a vida ou a saúde humana, animal ou vegetal ou para evitar sérios prejuízos ao meio ambiente, desde que esta determinação não seja feita apenas porque a exploração é proibida por sua legislação"), por razões de segurança nacional, no que se refere à transformação do núcleo atômico.

> b) processos, incluindo bioconversão, cultivo, isolamento, multiplicação e purificação seja para a criação de produtos, seja para a produção de substâncias através de bioconversão, usando produtos incluídos em (a), por exemplo, a conversão enzimática de açúcar em álcool; e
> c) usos de produtos incluídos em (a), para qualquer propósito, por exemplo, uso de *bacillus thuringiensis* como inseticida, de anticorpos monoclonais para diagnóstico de doenças, etc.[7] (*apud* 100, p.27)

Pela leitura desse rol, resta clara a importância das invenções biotecnológicas, sobretudo para a agricultura e criação de animais, assim como para a indústria farmacêutica. A Lei de Propriedade Industrial, portanto, em seu art. 18, III, complementando o art. 10, estudado anteriormente, especifica que somente uma parte das invenções biotecnológicas poderá ser protegida pela via patentária. Estão excluídas da proteção de patentes as plantas, que são protegíveis pela recente Lei de Cultivares, Lei n. 9.456, de 25 de abril de 1997 (regulamentada pelo Decreto n. 2.366, de 5 de novembro de 1997).

Não se admite, ainda, o patenteamento dos seres vivos não microscópicos, como os animais, ou mesmo elementos dos animais e do ser humano, sejam eles modificados ou não por engenharia genética. Não se admite, ainda, o patenteamento de produtos naturais, materiais biológicos encontrados na natureza, inclusive genes e o genoma de organismos vivos (cf. *ibid.*, p.72). Está, assim, completamente excluída a patenteabilidade de animais, seus órgãos ou partes, compreendendo, obviamente, os seres humanos.

Os microorganismos, desde que modificados pelo ser humano, e os processos biotecnológicos não naturais tornaram-se passíveis de proteção patentária, uma vez atendidas as condições legais de fundo de patenteabilidade. Tanto nos Estados Unidos da América como na Europa, a questão da

---

[7] "Plasmídeo é um segmento circular de DNA, extra-cromossomal, auto-replicante."; "Vírus são agentes submicroscópicos que infectam plantas, animais e bactérias e não são aptos a se reproduzir fora do organismo hospedeiro."; "Organela é uma parte especializada da célula que comanda certas funções, por exemplo o núcleo, que contém a maior parte do material genético (cromossomas), cloroplastos, que comandam a fotossíntese, e a mitocôndria, que fornece energia."; "Bioconversão é conversão química usando enzimas."; "Anticorpos monoclonais são anticorpos homogêneos derivados de um único clone de células. Um clone é um grupo de células ou organismos geneticamente idênticos, descendendo assexuadamente de um ancestral comum. Todas as células do clone têm o mesmo material genético e são cópias exatas do original." (*apud* Scholze, p.27)

patenteabilidade dos microorganismos é mansa e pacífica, até em respeito à regra do Trips, porém a patenteabilidade dos animais tem sido objeto de acirrado debate, cujo resumo foi elaborado partindo das informações constantes na obra de Simone Henriqueta Cossetin Scholze (*ibid.*, p.83 e segs).

O primeiro caso a respeito de patenteabilidade de seres vivos, noticiado nos EUA, foi o caso Diamond v. Chakrabarty, decidido pela Suprema Corte Americana. Tratava-se de um pedido de patente depositado, em 1980, no Patent and Trademark Office (PTO). A invenção era um microorganismo desenvolvido pelo pesquisador Ananda Chakrabarty, através de engenharia genética. Pela alteração da composição celular do microorganismo, criou-se um novo organismo capaz de degradar derramamentos de petróleo cru.

O pedido de patente foi inicialmente rejeitado pelo PTO, tendo sido a questão levada aos tribunais, chegando à Suprema Corte. A Corte julgou que, tratando-se de um microorganismo vivo, feito pelo homem, é suscetível de proteção patentária, em vista da regra daquele país de merecer tal proteção "qualquer coisa sob o sol feita pelo homem". Em seguida a outros pedidos de patente apresentados, o PTO promulgou, em 1987, uma norma permitindo o patenteamento de seres vivos, excluídos os seres humanos, desde que preenchidas as condições legais de patenteabilidade.

Essa norma permitiu a patenteabilidade do famoso "rato de Harvard". Tratava-se de um pedido de patente, fruto de uma invenção realizada em conjunto por pesquisadores da Universidade de Harvard e da empresa Genentech, protegendo um rato geneticamente modificado para conter um gene causador de câncer, visando à pesquisa sobre a doença.

O pedido de patente para o "rato de Harvard" foi depositado também no Escritório Europeu de Patentes (European Patent Office – EPO), que, após longo debate, concedeu a patente. Mais tarde, o Parlamento Europeu determinou ao EPO que revogasse a patente e que não outorgasse patentes de animais até que a matéria fosse mais bem esclarecida e definida – o que ainda não ocorreu. Atualmente, o EPO tem protegido por meio de patentes somente as invenções de processos microbiológicos e os produtos obtidos por tais processos.

Retornando à regra no direito brasileiro, resta claro as invenções relativas às matérias biotecnológicas que extrapolem o conceito de microorganismo, mesmo preenchendo os requisitos legais de patenteabilidade, não poderem ser patenteadas, por se tratar de matérias excluídas.

Infrações às regras de validade do objeto da patente de invenção

Como visto, independentemente de o debate metodológico sobre a existência da invenção ser ou não uma das condições de patenteabilidade, conclui-se, com a unanimidade dos autores mencionados, que, para a obtenção da patente é *conditio sine qua non* a presença de invenção. Efetivamente, a invenção é o próprio objeto do título jurídico – patente – e da relação jurídica. Uma patente concedida para algo que não se constitui invenção, nos termos do conceito estudado, seria, em princípio, um título concedido para um objeto inexistente. Haveria, inclusive, a possibilidade da hipótese de um caso de inexistência do direito mais do que de nulidade. O mestre italiano Luzzatto afirmava que:

> é óbvio que uma cominatória de nulidade da exclusividade por falta do requisito da originalidade não era necessária e, ao contrário, não poderia existir na lei. A lei impõe a nulidade dos atestados dados para invenções que prescindem dos elementos extrínsecos para aqueles reputados necessários, mas não pode cominar a nulidade dos atestados dados para aquilo que não é invenção; pois, neste caso, o atestado nunca teve existência legal, é inexistente desde sua origem com base no princípio geral de direito que considera nulos os atos que não possuem seus requisitos essenciais. (61, n.657)

Ao contrário do festejado professor italiano, conclui-se que a hipótese é de nulidade, não de inexistência. No caso, existe uma carta-patente, expedida por autoridade competente, visando à proteção de um objeto existente; porém, tal objeto não é uma invenção, no sentido técnico do termo. Portanto, foi concedido patente para um objeto que não merecia tal proteção, pois a patente só pode ser concedida para invenções, nos termos do art. 6º, da LPI. Assim, há a nulidade por violação da lei (art. 46, da Lei 9.279/96).

Para que haja uma invenção deve haver uma criação intelectual, exeqüível e útil. Assim, por exemplo, será nula a patente concedida para uma invenção inexeqüível. Por exemplo, uma arma específica para caçar dinossauros não é uma invenção, pois seu objeto é inútil e inexeqüível. Nesse sentido, com muita precisão, lecionava o mestre argentino, Breuer Moreno:

> Invenções puramente teóricas – O modo que o inventor emprega deve ser capaz de funcionar na prática. Não é suficiente que possa ser calculado e previsto se não pode ser construído. Por exemplo, é possível determinar, mediante cálculo, as dimensões, resistência e carga de um canhão destinado a enviar um projétil à lua. No entanto, se tal canhão escapa à possibilidade de realização, deve ser considerado teórico e não pode ser validamente patenteado[...]. (73, p.502)

Da mesma forma, será nula a patente concedida para uma técnica qualquer que, na prática, não funcione. O objeto que não atinge o resultado proposto pelo inventor é, na verdade, inexistente. Não há, portanto, invenção. Dando continuidade à citação acima, Breuer Moreno afirmava:

> Invenções de resultado irrealizável – Como os meios empregados pelo inventor devem ser capazes de realizar o resultado perseguido, quando não o realizam na prática, a invenção não existe e a patente concedida para protegê-la é nula. Tal seria uma pretendida composição de detergente que fosse incapaz de emulsionar ou dissolver as gorduras, ou uma reação ou procedimento que não desse o resultado previsto pelo inventor. Quando se alegue essa causa de nulidade, dever-se-á provar a falha da pretendida invenção mediante provas e experiências. (73, p.503)

Uma criação ou técnica qualquer, portanto, que não se enquadre no conceito de invenção, de criação intelectual, e que não seja exeqüível e útil, não será patenteável. A primeira causa de nulidade da patente de invenção é a ausência de invenção.

A nulidade por infração ao conceito legal de invenção confunde-se, parcialmente, com a decorrente da inexistência de invenção. Na verdade, tanto neste como naquele caso, há a nulidade por falta de invenção. No primeiro caso, há a inexistência da invenção, a partir do conceito técnico de invenção: ausência da própria criação do espírito com fins técnicos, exeqüível e útil. No segundo caso, há ou não criação do espírito humano, a qual pode, inclusive, ter finalidade técnica indireta, mas, por razões de política legislativa, é definida como não-invenção.

Como visto, o art. 10 da Lei n. 9.279/96 enumerou as categorias de criações do espírito humano que estão excluídas do conceito de invenção. Todas as criações do intelecto humano enumeradas por tal artigo não podem ser objeto de proteção patentária. Qualquer patente que vise à proteção de criação enquadrada no artigo é nula, por infração dos arts. 46 e 10, da Lei n. 9.279/96 e art. 166, II e VII, do CC, por objeto ilícito e infração expressa à lei.

Como referido, o legislador determinou as matérias excluídas da proteção patentária; seja porque estão ou serão protegidas por lei própria (por exemplo, as variedades vegetais – plantas – cuja proteção é objeto de lei própria), seja por razões de ordem política, como já estudado. Tais matérias são as constantes do art. 18, da LPI. A patente concedida para invenção cujo objeto esteja compreendido em alguma das matérias ali mencionadas será nula por aplicação dos arts. 46 e 18, da LPI. Não há dúvida de que a patente concedida para uma invenção versando sobre matéria excluída de patenteabilidade, por determinação legal, configura caso de objeto (invenção) ilícito.

A questão tinha grande importância na lei anterior, pois o campo das matérias não patenteáveis era muito amplo. Como já afirmado, nos termos da Lei n. 5.772/71, não eram patenteáveis os produtos e processos farmacêuticos, produtos químicos, produtos alimentícios e seus processos de obtenção, entre outros. Na nova lei, todas essas matérias tornaram-se passíveis de patenteamento.

Na lei atual, o art. 18, certamente, será de fácil aplicação e interpretação. Na verdade, tal dispositivo exclui da patenteabilidade apenas três grupos de invenções: as contrárias à moral, aos bons costumes, à segurança, à ordem e à saúde; as que tenham por objeto a manipulação do núcleo atômico, por razões de segurança nacional; e as referentes à biotecnologia e engenharia genética, salvo se tiverem por objeto os microorganismos com alterações genéticas, frutos da manipulação humana.

Nesse caso, acredita-se que serão raras as ocorrências de nulidade por infração ao art. 18, por se tratar de mandamento legal de fácil aplicação e verificação. Exceções certamente surgirão, em vista da interpretação dos casos de biotecnologia, ciência em flagrante evolução, como já mencionado.

CAPÍTULO II

Condições legais de fundo de patenteabilidade e nulidades decorrentes de sua infração

Ultrapassada a questão do objeto da patente – a presença da invenção em si – é importante ressaltar que somente é patenteável a invenção que preencha as condições de fundo ou de mérito da invenção, previstas na lei. Caso essas condições não estejam presentes, estar-se-á diante de uma patente inválida.

O legislador pátrio é expresso quanto às condições de fundo ou de mérito da invenção necessárias para que mereça a proteção patentária. O capítulo II da Lei n. 9.279/96 tem como título "Da patenteabilidade"; dispondo o art. 8º que "É patenteável a invenção que atenda aos requisitos de novidade, atividade inventiva e aplicação industrial". Três, portanto, são os requisitos legais de patenteabilidade: novidade, atividade inventiva e aplicação industrial, os quais devem estar presentes de forma independente e cumulativa.

Esses são, também, os requisitos previstos no Trips[1] e na maioria dos ordenamentos dos países de legislação moderna, por exemplo, no EPO[2] e nos

[1] Trips, art. 27.1: "Sem prejuízo do disposto nos parágrafos 2 e 3 abaixo, qualquer invenção, de produto ou processo, em todos os setores tecnológicos, será patenteável, desde que seja nova, envolva um passo inventivo e seja passível de aplicação industrial". É importante mencionar que a Convenção da União de Paris não trata dos requisitos de patenteabilidade.

[2] Art. 52: "(1) A patente européia deverá ser garantida à qualquer invenção que seja suscetível de aplicação industrial, que seja nova e envolva inventividade".

Estados Unidos, como indicam Foster e Shook (42, p.32): "Três principais requisitos escritos no estatuto de patentes são que a invenção deve ser nova, útil e não óbvia". A seguir, esses três requisitos serão estudados separadamente.

Novidade

Como visto, o ordenamento jurídico pátrio, pela patente, confere a seu titular um direito de propriedade, permitindo a exploração exclusiva da invenção, por um determinado período de tempo, como recompensa pelo avanço tecnológico trazido pela invenção e por sua divulgação, que se dá pela descrição detalhada no momento de depósito do pedido de patente. O Estado confere tal proteção ao inventor, em contrapartida do aporte tecnológico que ele faz à coletividade. Há, portanto, como pressuposto, o avanço tecnológico, a necessidade da existência de invenção e, ademais, que seja nova.

À primeira impressão, o conceito de novidade já estaria abrangido na própria definição de invenção. Tratando-se a invenção de criação intelectual, pressupor-se-ia a novidade – o que não ocorre sempre. A novidade da invenção implica em não ter sido jamais revelada ou divulgada. Portanto, o inventor pode efetivamente criar algo (invenção), desconhecido para ele e para a coletividade à qual pertença, porém, conhecido e divulgado alhures sem seu conhecimento. Trata-se de uma criação intelectual, porém, não é nova.

O legislador pátrio define o que seja a novidade, dispondo o art. 11, da Lei n. 9.279/96:

> Art. 11. A invenção e o modelo de utilidade são considerados novos quando não compreendidos no estado da técnica.
> § 1º O estado da técnica é constituído por tudo aquilo tornado acessível ao público antes da data de depósito do pedido de patente, por descrição escrita ou oral, por uso ou qualquer outro meio, no Brasil ou no exterior, ressalvado o disposto nos arts. 12, 16 e 17.
> § 2º Para fins de aferição da novidade, o conteúdo completo de pedido depositado no Brasil, e ainda não publicado, será considerado estado da técnica a partir da data de depósito, ou da prioridade reivindicada, desde que venha a ser publicado, mesmo que subseqüentemente.

> § 3º O disposto no parágrafo anterior será aplicado ao pedido internacional de patente depositado segundo tratado ou convenção em vigor no Brasil, desde que haja processamento nacional.

Para conceituar a novidade, portanto, o legislador, seguindo os passos de diplomas legais alienígenas e nossos próprios códigos anteriores, recorre ao conceito de estado da técnica, definindo como nova a invenção não compreendida no referido estado da técnica. A novidade, assim, é definida pelo que não é.[3] A novidade é negativa; o que é positivo, como se verá, é a anterioridade, que destruirá a novidade(cf. 63, p.63).

Para permitir a compreensão do conceito de novidade, nos parágrafos do art. 11, o legislador define o que seja o estado da técnica: "é constituído por tudo aquilo tornado acessível ao público antes da data de depósito do pedido de patente, por descrição escrita ou oral, por uso ou qualquer outro meio, no Brasil ou no exterior".

Na França, o dispositivo legal é quase idêntico:

> Uma invenção é considerada nova se não está contida no estado da técnica. O estado da técnica é constituído por tudo que já tenha se tornado acessível ao público por uma descrição escrita ou oral, um uso ou qualquer outro meio antes do dia do depósito do pedido de patente ou de um pedido depositado no exterior e cuja prioridade é validamente reivindicada. (Art. 8, da lei de 1968, modificada em 1978)

Por outro lado, a novidade também não se confunde com a originalidade da invenção. A invenção pode ser original sem ser nova. Interessante a observação de Abílio Neto e Pupo Correia a respeito da interpretação, em Portugal, da diferença entre novidade e originalidade:

---

[3] Em respeito à lógica, é desaconselhável que uma definição seja negativa. Jolivet (53, p.36) propõe que: "a) A definição deve ser mais clara do que o definido. Portanto, é necessário que ela não contenha o termo a definir, – que não seja normalmente negativa, pois dizer que o homem não é um anjo, não é esclarecer a questão da natureza do homem". Entretanto, no caso da novidade, só é possível defini-la negativamente, pois o que interessa justamente é indagar se trata-se de algo que não existia até então, caracterizando a novidade.

> A novidade da invenção não se confunde com sua originalidade. Sucede com freqüência que um autor concebe e cria determinada invenção que, sem ele o saber, já foi concebida, criada e explorada por outra pessoa. A sua invenção não deixa de ser original, mas não é nova, e por isso não pode constituir objeto da patente (do Parecer da Câmara Corporativa acerca da proposta de lei sobre a propriedade industrial). (77, p.30)

No mesmo sentido, o professor Fábio Ulhoa Coelho (23, p.74) esclarece a distinção entre a originalidade e a novidade da invenção: "Invenção é o ato original do gênio humano. Toda vez que alguém projeta algo que desconhecia, estará produzindo uma invenção. Embora toda invenção seja, assim, original, nem sempre será nova, ou seja, desconhecida das demais pessoas". E prossegue:

> Novidade – não basta, para a obtenção do direito industrial, que a invenção ou o modelo sejam originais, característica de natureza subjetiva (isto é, relacionada ao sujeito criador). É necessário que a criação seja desconhecida pela comunidade científica, técnica ou industrial (numa palavra, os *experts* da área). (*ibid.*)

A invenção, portanto, poderá ser original para seu inventor, sem preencher o requisito da novidade, posto já ser conhecida e divulgada por outras pessoas que não esse inventor.

Podemos, por clareza metodológica, destacar algumas regras sobre a apreciação da novidade. Em primeiro lugar, dois elementos precisam ser considerados: o que constitui o estado da técnica e se a invenção reivindicada está compreendida no estado da técnica (cf. 63, p.64). Para tanto, é necessário verificar as seguintes regras:

- *Divulgação*

A novidade há de ser absoluta. Tudo o que foi tornado acessível ao público, por descrição escrita ou oral, por uso ou qualquer outro meio, constitui o estado da técnica. Carvalho de Mendonça já lembrava que:

> Costuma-se dar à novidade duplo aspecto, um intrínseco e outro extrínseco. A novidade intrínseca consiste na diversidade essencial que o novo

> produto deve apresentar a respeito das descobertas ou dos produtos análogos; a extrínseca quer dizer que a invenção ou descoberta não fora ainda divulgada. (71, p.139)

A invenção, portanto, para ser considerada nova não poderá ter sido divulgada ou tornada acessível ao público, salvo as exceções do art. 12, da LPI, estudadas mais adiante. O próprio legislador, pretendendo prever todas as possibilidades, destaca que a divulgação ("tornar acessível ao público") pode se dar por qualquer meio – "descrição escrita ou oral, por uso ou qualquer outro meio" (art. 11, § 1º, da LPI).

Importante ressaltar que o conceito de divulgação,[4] ou "tornar acessível a invenção ao público", tem significado próprio. Por exemplo, não basta a divulgação teórica do produto ou do sistema, é necessário que seja divulgada a forma de realização da invenção ou os meios que a constituem. O que precisa ser divulgado ou revelado é a própria invenção, tecnicamente, no dizer de Gama Cerqueira (21, p.314): " Se o uso, embora público, não for de molde a revelar a invenção, a novidade não será afetada ". No mesmo sentido, Breuer Moreno (73, p.92-3) afirmava que só atingirá a novidade, a exploração ou eventual descrição da invenção suficientes para que ela possa ser realizada.

Ascarelli (6, p.549), referindo-se ao direito italiano, lembra que a divulgação a ser considerada deve ser de tal natureza que permita a exploração do invento: "Para que, então, seja excluída a novidade, é necessário que a divulgação, de qualquer forma ocorrida, tenha sido tal a permitir a atuação da invenção".

Chavanne e Burst lecionam que:

> é admitido que a novidade seja destruída por fato que tenha tido por conseqüência colocar a invenção à disposição do público: é a denominada anterioridade. A anterioridade resulta de uma publicidade da invenção antes do depósito do pedido de patente. Essa publicidade pode ter uma dupla origem: ou bem o objeto da invenção estava no domínio público sem que o inventor o quisesse, essa é, então, a anterioridade em sentido estrito; ou

[4] *Disclosure* nos países de língua inglesa.

> bem a invenção havia sido publicada pelo próprio inventor e a anterioridade, aqui, compreende-se mais com o nome de divulgação. (22, p.37)

Como afirmado, a divulgação há de ser pública. O uso particular da invenção, dentro do estabelecimento do inventor, por exemplo, não constitui divulgação da invenção. É importante ressaltar que a divulgação a ser considerada é aquela feita a uma pessoa, ou grupo de pessoas, capacitada para entender a revelação da invenção; isto é, de tal forma que um homem do *métier* possa reproduzi-la.

Por fim, como lembra Mathély (63, p.66), não se considera divulgação a comunicação feita a pessoas adstritas à obrigação de confidencialidade, contratual ou profissional, por exemplo, o agente da propriedade industrial, responsável pela redação do pedido de patente. No mesmo sentido, Ascarelli (6, p.500) defendia que não se trata de divulgação a revelação feita aos colaboradores do inventor, desde que mantenham o segredo.

A primeira regra de apreciação da novidade é, portanto, a verificação de ter-se ou não tornado acessível ao público o conteúdo da invenção (divulgação).

- *Data da novidade*

Outra regra a ser indicada é o estado da técnica ser apreciado até o momento do depósito do pedido de patente. Esse depósito é feito no Inpi, em data e horário determinados. Tudo o que foi revelado até tal data constitui estado da técnica e qualquer outra informação, a partir desta data, é irrelevante para a apreciação da novidade.

Os pedidos de patente são examinados pelo Inpi, no mínimo, 3 a 4 anos após seu depósito, e a presença ou não do requisito de novidade poderá ser objeto de contestação, por meio de ação de nulidade, muitos anos após o depósito da patente.

Diante disto, pode-se firmar a segunda regra de verificação de novidade: só interessam ao exame de patenteabilidade as informações divulgadas até a data do depósito da patente, qualquer informação posterior a tal data pode ser esclarecedora, porém, jamais comprometerá a novidade.

Nesse sentido, Gama Cerqueira (21, p.504) afirmava justamente que: "Apenas devemos advertir que a novidade da invenção deve ser apreciada em relação ao momento em que o pedido da patente foi depositado, e não à época em que a ação de nulidade tiver sido proposta". Trata-se de regra pacífica também em outros países como Itália (cf. 6, p.534), França (cf. 63, p.71) e Estados Unidos (cf. 47, p.388).

• *Extensão territorial do estado da técnica*

Terceiro padrão para a verificação da novidade é o local de divulgação. Nesta regra a interpretação é a mais extensa possível. Não importa onde a invenção tenha sido divulgada, no Brasil ou no exterior, tal fato já a inclui sob o manto do estado da técnica, comprometendo a novidade. O uso da invenção, por exemplo, de forma a revelá-la no Japão ou a publicação de artigo científico na Finlândia, já é suficiente para impossibilitar a patenteabilidade, no Brasil, por falta do requisito da novidade.

Trata-se do princípio da novidade absoluta, presente na maioria dos ordenamentos jurídicos, como na França (cf. 63, p.65), nos Estados Unidos (cf. 47, p.388) ou na Itália, onde Ascarelli (6, p.550-1) lembrava que: "O nosso direito valoriza, como recordado, a novidade sendo bastante rigoroso [...] captando que na necessidade pode ser relevante qualquer divulgação, ainda que distante no tempo, inclusive no exterior, partindo em substância da unidade do mundo da cultura técnica".

• *Conteúdo de pedidos de patentes depositados no Brasil*

Os pedidos de patentes depositados em qualquer país, inclusive no Brasil, já publicados, integram o estado da técnica; pois, com a publicação, dá-se a divulgação, tornando a invenção acessível ao público. Nos termos do art. 29, da Lei atual, o pedido retirado ou abandonado será obrigatoriamente publicado, passando a integrar o estado da técnica.

Ademais, os pedidos de patente depositados no Brasil, uma vez publicados, passam a integrar o estado da técnica, retroativamente à data de seu depósito, no Brasil, ou no exterior, se houver reivindicação de prioridade. Esclarecendo: um pedido de patente, cuja invenção ainda não tenha sido divulgada, depositado no Brasil e ainda não publicado, não integraria o estado da técnica, pois não houve qualquer divulgação da invenção. No momento, porém, em que tal pedido de patente for publicado, a invenção passa a integrar o estado da técnica, retroativamente à data de seu depósito, por uma ficção jurídica. Assim sendo, os pedidos de patente depositados em data posterior ao primeiro não preenchem o requisito da novidade, em vista desse pedido anterior.

Essa é a regra dos §§ 2º e 3º do art. 11, que pretende, inclusive, impedir que sejam concedidas duas patentes para a mesma invenção, para titulares distintos. Protege-se, unicamente, o primeiro a depositar o pedido de patente.

Há exceções à regra da divulgação. O art. 12, da LPI, enumera os casos nos quais uma divulgação não atingirá a novidade:

> Art. 12. Não será considerada como estado da técnica a divulgação de invenção ou modelo de utilidade, quando ocorrida durante os 12 (doze) meses que precederem a data de depósito ou a da prioridade do pedido de patente, se promovida:
> I – pelo inventor;
> II – pelo Instituto Nacional da Propriedade Industrial – Inpi, através de publicação oficial do pedido de patente depositado sem o consentimento do inventor, baseado em informações deste obtidas ou em decorrência de atos por ele realizados; ou
> III – por terceiros, com base em informações obtidas direta ou indiretamente do inventor ou em decorrência de atos por este realizados.

Nessas exceções, o legislador procurou dar uma proteção ao inventor, por um restrito período de tempo, para divulgações da invenção, realizadas pelo próprio inventor ou partindo dele. Cria-se um período de graça para proteger o próprio inventor de eventuais descuidos.

É dada, ainda, a chance ao inventor de obter patente se depositar o pedido a tempo. Ressalte-se que, conforme os incisos do art. 12, a divulgação, dentro do período de "graça", poderá se dar pelo próprio inventor; pelo Inpi, em vista de publicação de pedido de patente, feito por terceiro, porém partindo das informações do inventor; e, ainda, por terceiros, fruto de informações obtidas do inventor.

Ascarelli (6, p.502), comentando a lei italiana de 1939, já destacava que tal diploma legal não previa proteção para o inventor em caso de divulgação anterior ao pedido de patente, ao contrário dos ordenamentos dos Estados Unidos e da Alemanha, que previam essa exceção.

Conclui-se, portanto, que, salvo as exceções vistas, para ser patenteável é preciso que a invenção seja nova, isto é, jamais tenha sido objeto de divulgação, em qualquer parte do mundo.

Atividade inventiva

A segunda condição de fundo ou de mérito de patenteabilidade é a presença de atividade inventiva. Dispõe o art. 13, da LPI: "A invenção é dotada de atividade inventiva sempre que, para um técnico no assunto, não decorra de maneira evidente ou óbvia do estado da técnica". Para a proteção patentária, portanto, exige-se algo mais do que a simples novidade. É necessário que a invenção atinja um certo nível de criatividade. Mesmo nova, não preencherá o requisito da atividade inventiva, tratando-se de invenção evidente ou óbvia. Esse requisito não estava previsto nos diplomas anteriores. O art. 6º, da Lei n. 5.772/71, dispunha somente: "São privilegiáveis a invenção, o modelo de utilidade, o modelo e o desenho industrial considerados *novos* e suscetíveis de *utilização industrial* [grifos nossos]".

O art. 9º, *e*, da antiga Lei n. 5.772/71, permitia, por sua vez, uma interpretação, implicitamente e a contrário senso, sobre a necessidade de atividade inventiva como condição de patenteabilidade, considerando não serem privilegiáveis "as justaposições de processos, meios ou órgãos conhecidos, a simples mudança de forma, proporções, dimensões ou de materiais, salvo se daí resultar, no conjunto, um efeito técnico novo ou diferente, não compreendido nas proibições deste artigo". Sem dúvida, não se está diante de uma clara definição da atividade inventiva. Porém, algumas das características desse requisito já estavam presentes na disposição, pois, além de a invenção ser nova, era necessária a presença de um efeito técnico novo ou diferente.

Até recentemente, algumas legislações não previam como requisito de patenteabilidade a atividade inventiva, exemplo do que noticiava Siegbert Rippe (93, p.17), em 1992, sobre a lei uruguaia de patentes (que somente em 1999 incluiu tal dispositivo em seu ordenamento jurídico[5]). Estudiosos pá-

[5] Art. 8º, da Lei 17.164, de 2 de setembro de 1999: "São patenteáveis as invenções novas de produtos ou de procedimentos que suponham uma atividade inventiva e sejam suscetíveis de aplicação industrial". Inclusive o próprio regulamento desta lei (Decreto 11, de 3 de janeiro de 2000) reconhece a importância das modificações em consonância com as novas tendências na matéria e de acordo com a legislação internacional.

trios, como Gama Cerqueira (21, p.305), Carvalho de Mendonça (71, p.138-9), Pontes de Miranda (89, p.288) e Waldemar Ferreira (40, n.1.353), entre outros, também não indicavam como requisito de patenteabilidade a atividade inventiva. O festejado Ramella, por exemplo, lecionava que:

> A possibilidade de industrialização e a novidade são duas condições essenciais para a concessão de uma exclusividade. Uma invenção sem caráter industrial ou não nova poderá ainda merecer tal nome, especialmente se original, mas não pode aspirar à proteção da lei sobre propriedade industrial. (91, p.92)

A necessidade de atividade inventiva surgiu entre os requisitos de patenteabilidade, efetivamente, das interpretações dos escritórios de patentes e dos tribunais competentes, em vista da necessidade de algo mais do que a simples novidade: a presença de um efetivo avanço técnico. A noção de atividade inventiva começou a desenvolver-se na Alemanha e na Inglaterra (cf. 83), tendo se sedimentado na França pela influência do Doyen Roubier.

Como destaca Paul Mathély (63, p.83), a atividade inventiva, como requisito expresso de patenteabilidade, passou a integrar o direito europeu e o francês após a Convenção de Strasburgo (proposta pelo conselho da então Comunidade Econômica Européia e assinada em 27/11/63, entre os países da Comunidade, contendo diversas questões visando à unificação do direito de patentes); esclarecendo que a concessão de patente não se justifica senão diante das verdadeiras invenções, onde há, necessariamente, a atividade inventiva.

No Brasil, apesar de não constar como condição de patenteabilidade na lei e os autores clássicos não tratarem da questão, o Inpi sensibilizou-se para a evolução de interpretação ocorrida nos EUA e na Europa; e, a fim de adaptar-se às regras do PCT,[6] reconheceu a atividade inventiva como condição de patenteabilidade. Nos termos do Ato Normativo n. 17, de 11 de maio de 1976, o Inpi passou a exigir, como regra de exame e interpretação da novidade, a presença da atividade inventiva. Dispõe tal norma:

---

[6] Efetivamente, dispõe o art. 33.3 da Convenção do PCT: "Para fins do exame preliminar internacional, a invenção cuja proteção é solicitada é considerada como implicando uma atividade inventiva, desde que, levando-se em conta o estado da técnica tal como é definido no regulamento de execução, ela *não seja evidente* [grifos nossos], na data pertinente estabelecida, para um profissional do ramo".

> 1.1 – Conceito de Invenção:
> Considera-se invenção o resultado da atividade inventiva constituindo algo que:
> a) esteja revestido do requisito de novidade;
> b) para um técnico especializado no assunto, não seja decorrência evidente do estado da técnica;
> c) não seja uma concepção puramente teórica;
> d) seja suscetível de utilização industrial.
> 1.1.1 – Atividade Inventiva – Considera-se atividade inventiva o exercício da capacidade de criação.

A questão atualmente está superada pela imposição expressa da nova lei. O próprio legislador procurou conceituar a atividade inventiva: dá-se quando a invenção não decorra de maneira evidente ou lógica do estado da técnica, para um técnico no assunto. Trata-se de disposição idêntica à da convenção da patente européia (art. 56).

Para ser patenteável, a invenção deve ultrapassar uma dupla barreira: primeiro, deve situar-se fora do já conhecido – novidade; e, ainda, do que é evidente – atividade inventiva (cf. 63, p.85). A questão não é simples e merece esclarecimento.

Na verificação do requisito da novidade, busca-se saber, no estado da técnica, se a invenção já está divulgada. Caso a resposta seja negativa, o examinador, apesar de estar diante de uma invenção nova, deve investigar se tal invenção compreende um real avanço técnico ou se, ao contrário, decorre, de maneira lógica e evidente, para um homem do *métier*, do que já era conhecido (estado da técnica). Esta segunda investigação tem por objeto justamente a constatação da presença de atividade inventiva.

Três são os pilares da investigação da atividade inventiva:

- A pessoa do técnico no assunto: Em primeiro lugar toma-se por base o técnico no assunto ou, na França, *l'homme du métier* ou *l'homme de l'art*. Aprecia-se, portanto, a presença desta condição, partindo dos conhecimentos do técnico no assunto, e não de qualquer pessoa;
- O conteúdo do estado da técnica: Tal como no exame da presença da novidade, também para a atividade inventiva é necessário buscar-se o estado da técnica, para saber se a invenção reivindicada decorre dele;

- Se a invenção advém de forma evidente ou lógica do estado da técnica: É o princípio, para os anglo-saxônicos, do *non-evidence.* Mais uma vez, o mestre Mathély resume com precisão:

> para que a invenção seja desprovida de atividade inventiva, o estado anterior da técnica deve ter revelados, ou sugeridos, os meios característicos que a constituem. E o homem da técnica deve poder, exercendo exclusivamente suas capacidades profissionais de executante, utilizar os conhecimentos do estado da técnica para realizar a invenção. (*ibid.*, p.94)

Metodologicamente, a presença da atividade inventiva é investigada de dois pontos principais: o problema técnico posto, o qual a invenção se propõe a solucionar; e os meios constitutivos da invenção, em sua forma, função e aplicação, isto é, se tais meios constitutivos podem ser considerados não evidentes, para um homem do *métier.*

Aplicação industrial

A terceira das condições de fundo para a patenteabilidade da invenção é sua aplicação industrial. Das três condições estudadas, esta é a de mais fácil definição e verificação. A aplicação industrial é a mera possibilidade de industrialização ou de uso na indústria (qualquer tipo de indústria, inclusive agricultura) da invenção.

O art. 15, da Lei n. 9.279/96, dispõe que: "A invenção e o modelo de utilidade são considerados suscetíveis de aplicação industrial quando possam ser utilizados ou produzidos em qualquer tipo de indústria". A própria definição legal já é cristalina e não permite maiores dúvidas ou longas interpretações.

Pontes de Miranda, comentando a lei de 1945, definia:

> A industriabilidade é a industriabilidade imediata. Se a invenção somente pode servir a uso posterior, especial, nem por isso se há de reputar não industrial, pois a industriabilidade é apreciada quanto à produção ou ao consumo. Nada obsta que somente possam utilizar a invenção a agricultura, as classes armadas, a criação de gado, os produtores de outros objetos. (89, p.288)

Apesar de não muito clara a definição do festejado mestre, ele trata a aplicação industrial ou utilização industrial, como constava do Código de 1945, como sinônimo de industriabilidade, ou seja, possibilidade de ser industrializada.

Chavanne e Burst (22, p.34) definem de forma muito simples essa condição: "É suficiente, de fato, para que esta condição seja preenchida, que o objeto da invenção possa ser fabricado ou utilizado em qualquer gênero da indústria". Gama Cerqueira esclarece que a condição de utilização ou aplicação industrial tem o escopo justamente de diferenciar as invenções das criações meramente científicas, literárias e artísticas ou estéticas, que não são protegidas pelo direito de patentes, mas sim pelo direito autoral.

> A expressão "industrial", que a lei emprega para caracterizar a utilização de que a invenção é suscetível, destina-se, pois, a excluir de seu campo de aplicação as criações intelectuais puramente científicas, literárias e artísticas. Desse modo, o "caráter industrial" da invenção vem a ser o conjunto de atributos próprios que a distinguem essencialmente das criações intelectuais de outro gênero, que não dizem respeito às indústrias ou que não se destinam à satisfação de necessidades de ordem prática ou técnica. (21, p.340-1)

Pelo texto do art. 15, verifica-se que a aplicação industrial consiste em duas possibilidades: a utilização e a produção na indústria. As duas possibilidades são alternativas, logo, não são cumulativas. O legislador menciona ser necessário que a invenção possa ser utilizada ou produzida na indústria. É suficiente, portanto, que o objeto da invenção possa ser fabricado ou utilizado. O objeto pode ser fabricado caso revista-se da forma de um produto ou de um dispositivo; e poderá ser utilizado quando possuir as qualidades que possibilitem a obtenção de um efeito técnico (cf. 63, p.120).

Por outro lado, como já ressaltado, a expressão *industrial* é compreendida em seu sentido mais amplo possível, abrangendo qualquer tipo de indústria, inclusive a agricultura, conforme entendimento pacífico.[7]

---

[7] Dentre outros, Gama Cerqueira (20, p.341); Pontes de Miranda (89, p.288); Waldemar Ferreira (40, p.455); Burst e Chavanne (22, p.34); Paul Mathély (63, p.119).

Metodologia de constatação das condições de fundo de patenteabilidade

A metodologia mais racional e adequada no exame de patenteabilidade de qualquer invenção é a que inicia pela verificação da condição de novidade. Uma vez reconhecida a novidade na invenção reivindicada, procura-se saber se essa novidade não é óbvia ou evidente para um técnico especializado no assunto (ou homem do *métier*) que conheça o estado da técnica.

A verificação da segunda condição é, portanto, dependente do estabelecimento da primeira. Verificado o preenchimento das duas primeiras condições, cabe investigar a terceira condição – de aplicação industrial. Melhor dizendo, somente após determinar que a invenção reivindicada apresente caráter de novidade e de não-obviedade, é possível determinar sua susceptibilidade de aplicação industrial. Essa metodologia, entretanto, acaba sofrendo uma modificação prática. De fato, no exame de patenteabilidade das invenções, a condição da aplicação industrial é a mais fácil e evidente de se constatar. É inútil a procura da novidade e da não-obviedade em um invento que já é sabido não se aplicar industrialmente. Assim, o exame começa pela verificação da condição de aplicação industrial.

Na prática, portanto, o examinador de patentes, em qualquer escritório de patentes do mundo, começa o exame das três condições de patenteabilidade da invenção justamente pela verificação da aplicação industrial. Se a invenção não se aplica a uma indústria qualquer, é desnecessária a investigação da novidade e da presença de atividade inventiva. Nesse sentido, confirma Mathély:

> De fato, no exame ou estudo de uma patente, a pesquisa de ser a invenção reivindicada suscetível de aplicação industrial é a mais fácil de efetuar. É, portanto, inútil realizar uma pesquisa completa de novidade e conduzir uma discussão aprofundada sobre a atividade inventiva, se a invenção escapa do domínio industrial.
>
> É por isso que, na prática, o primeiro ponto a examinar é a suscetibilidade da invenção reivindicada ter uma aplicação industrial. (63, p.63)

CAPÍTULO III

Infrações às condições de fundo de patenteabilidade

Como visto, a proteção patentária não é outorgada para qualquer invenção, mas somente às invenções que efetivamente preencham os requisitos legais, referentes à essência da invenção: a novidade, a atividade inventiva e a aplicação industrial. A ausência de qualquer uma das três condições de fundo de patenteabilidade induzirá à nulidade da patente. A seguir, serão analisadas as eventuais infrações a cada um desses requisitos, causadoras da nulidade da patente.

Nulidade por ausência de novidade

O Inpi, ao realizar o exame do pedido de patente, efetuado por seus funcionários habilitados, denominados *examinadores*, procura identificar se a invenção é nova. Para tanto, os examinadores socorrem-se de seus conhecimentos pessoais e de buscas que efetuam no banco de patentes do próprio Inpi, a respeito das matérias já patenteadas ou descritas em pedidos de patentes depositados no Brasil e no exterior.

Uma das funções da publicação do pedido de patente é também permitir que terceiros se manifestem sobre todas as condições de patenteabilidade da invenção, inclusive a novidade. Pela lei atual,[1] as manifestações de terceiros poderão ser feitas durante todo o exame do pedido de patente. Assim sendo, qualquer interessado poderá apresentar provas da divulgação da invenção anterior ao depósito do pedido de patente, demonstrando o não-preenchimento do requisito da novidade.

Se, a despeito do acurado exame do técnico e da possibilidade de manifestações de terceiros, o Inpi ignorar que a invenção já estava revelada, compreendida, assim, no estado da técnica, e conceder a patente, tal título será nulo. O mestre Pouillet (90, p.456) afirmava, peremptoriamente, que a falta de novidade da invenção é causa lógica da nulidade da patente: "Se a primeira condição de uma invenção, para ser patenteável, é ser nova, por uma conseqüência lógica, a falta de novidade da invenção é uma causa de nulidade da patente. Essa segunda disposição é a sanção natural da primeira".

A ausência de novidade, ou seja, a presença do objeto da invenção no estado da técnica, é constatada pelo que se denomina *anterioridade*: a existência de documento que comprova a divulgação da invenção. Como já visto, essa divulgação pode ter ocorrido por qualquer meio, desde que acessível ao público, e em qualquer lugar, no país ou no estrangeiro. Ademais, o próprio nome indica, a anterioridade é uma divulgação precedente à data do depósito da patente, conforme ensinamento doutrinário e jurisprudencial pacífico.[2] Pontes de Miranda (89, p.369) lembrava que "a novidade aprecia-se ao tempo em que se depositou o pedido de patente, e não depois, ao tempo em que se propõe a ação de nulidade".

A comparação da anterioridade com a invenção patenteada é feita de forma estrita. As pequenas diferenças, porém, que não afetem os elementos essenciais da matéria não são consideradas. A Corte de Paris julgou, por exemplo, uma reivindicação nula por falta de novidade, com base na existência de uma anterioridade que divulgava os meios reivindicados, reunidos da mesma forma, para preencher as mesmas funções e atingir os mesmos

---

[1] Art. 31, da LPI: "Publicado o pedido de patente e até o final do exame, será facultada a apresentação, pelos interessados, de documentos e informações para subsidiarem o exame. Parágrafo único. O exame não será iniciado antes de decorridos sessenta dias da publicação do pedido".

[2] Por exemplo, conforme decidido pelo TFR, 4ª T., Ap. 37.015-PR, rel. Min. Jarbas Nobre, j. 13.12.1978. (*RTRF* 120/52)

resultados; e, apesar de existir uma diferença nos pesos reivindicados, se tal diferença não gera uma melhoria de resultado, não há novidade.[3]

Em caso exemplificativo,[4] a 1ª Turma do Tribunal Regional Federal da 3ª Região decidiu, no julgamento de apelação em ação de nulidade de patente, que a mera troca de matéria-prima para a confecção de objetos, mesmo gerando economia, não é patenteável, por ausência do requisito da novidade, como se lê no acórdão: "a vantagem que a apelante entende como suscetível de proteção é, apenas, uma vantagem econômica, inexistindo, no conjunto, qualquer inovação técnico-industrial". E, mais adiante, repetindo as conclusões do perito: "considera que o objeto da patente n. 88.035 acha-se compreendido no estado da técnica representado pela patente n. 64.039 e não representa em geral nenhuma novidade técnica no campo desse ramo industrial, amplamente difundido no país e no estrangeiro".

Por outro lado, a anterioridade deve ser suficiente e certa. Deve-se estar diante de certeza do conteúdo da anterioridade, da divulgação e de sua data.[5] A Corte de Paris dá mais um paradigma neste sentido, tendo julgado que:

> A patente é um título presumido válido e a dúvida sobre a existência e abrangência da anterioridade deve beneficiar o titular da patente; a anterioridade deve assim ser certa, na consistência da matéria que ela divulga e na sua data: não se constitui uma anterioridade oponível as declarações estabelecidas posteriormente aos fatos e que não são comprovadas por nenhum documento contemporâneo à pretendida divulgação, e que não estabelecem de forma indiscutível a consistência do objeto comercializado anteriormente. (*apud* 63, p.82)

Com muita clareza, em decisão mais antiga, a mesma Corte de Paris decidiu competir ao requerente da nulidade comprovar, indubitavelmente, não só a data da anterioridade, mas também sua extensão:

> Compete àquele que invoca a divulgação da invenção, numa data anterior ao depósito do pedido de patente, trazer a prova não somente da existên-

---

[3] Cour de Paris, julgamento de 28/03/85. Citado nos Annales de la Propriété Industrielle, 1986/81.

[4] Ap. 89.03.009524.3-SP, rel. Juíza Salette Nascimento, 01.03.1994. (LEX 65/511)

[5] *Vide* a decisão proferida em Embargos em: TFR, Ap. 4.890-SP, rel. Min. Oscar Saraiva, *DJU* 02.09.1964, p. 3.156.

> cia e extensão da divulgação, mas ainda de sua data exata e certa: a simples dúvida nesta matéria é apreciada a favor do titular da patente, que possui um título cuja data é certa e cuja novidade e validade são presumidas até prova em contrário. (*apud* 75, p.972)

Em acórdão proferido pela 4ª Turma do extinto Tribunal Federal de Recursos, no julgamento da Apelação Cível n. 59.078-RJ, foi declarado que a anterioridade deve ser suficientemente divulgada, por qualquer meio e devidamente comprovada.[6]

Os requisitos da anterioridade, para que afete a novidade, são, portanto, independentemente de ordem: suficiência da divulgação, inclusive considerando-se que, para comprometer a novidade, há de ter sido feita à pessoa habilitada a compreender a invenção; por qualquer meio, em qualquer local; e comprovada, tal como sublinhado pela Corte de Paris.

Por fim, a anterioridade pode ter divulgado somente parte da invenção. Há, assim, ausência parcial do requisito de novidade, e não de sua totalidade – o que gera a nulidade também parcial da patente, como se verá mais adiante. Nesse sentido, Mathély ressalta que:

> É possível, de fato, que certos meios da invenção sejam conhecidos, e que outros sejam novos. A anterioridade só é operante para os meios conhecidos, os meios novos permanecem protegíveis. Isso não significa contradizer o princípio da anterioridade total, pois não é a anterioridade que é parcial, é a parte da invenção a qual ela se opõe. (63, p.80)

Nossos tribunais já se manifestaram, por diversas vezes, declarando a nulidade de patentes, em vista da falta de novidade da invenção, como se vê dos casos mencionados a seguir. Alguns casos referem-se à patente de mo-

---

[6] Relator Min. Carlos Madeira, j. 28.05.1980, DJ 01.07.1980, p. 5.006. Do voto do relator, extraímos os seguintes trechos sobre a prova da anterioridade: "[...] a invenção, mesmo antes de requerida a patente no Brasil, não apresentava o requisito da novidade. Tal entendimento é baseado em longa resposta do assistente técnico da ré, corroborada pelas afirmações do Inpi, de que a maioria das reivindicações já se encontrava, na data do depósito, abrangidas pelo estado da técnica, com anterioridades comprovadas"; sobre a suficiência da divulgação: "[...] qualquer descrição, desde que seja feita de modo a permitir o conhecimento da invenção e a sua realização por pessoa competente no assunto é suficiente"; sobre o meio da divulgação: "[...] a invenção já era divulgada em livros e publicações diversas, inclusive de empresas industriais".

delo, porém servem de paradigma, uma vez que o requisito da novidade é necessário para todas as espécies de patentes.

Declarando, por exemplo, pura e simplesmente que a invenção não é nova e, portanto, é nula a patente: "Não se justifica a concessão de patente, uma vez evidenciado que o modelo não introduziu forma ou disposição nova que se prestasse a um uso prático. Havendo sido concedida, merece prosperar a demanda que objetiva a anulação do privilégio"[7]; "A invenção só é privilegiável se contiver o requisito da novidade [...] Se isso não ocorrer o privilégio é nulo"[8].

Com mais precisão, fazendo referência expressa ao conceito de novidade absoluta:

> Para ser privilegiável, a invenção deve preencher, dentre outros requisitos, o da novidade absoluta. A falta de novidade torna o objeto do pedido imprivilegiável. Ao descrever as diferenças e semelhanças entre o modelo representado pela patente anulanda e as anterioridades apresentadas, o perito judicial afirmou haver uma colidência ou identidade total entre elas, não se podendo, portanto, pontificar diferenças que justifiquem a novidade. Também, que à época do depósito do pedido de patente, já se usava o modelo, evidenciando não estar então o estado da técnica já superado. Assim, conforme bem salientou a douta sentença recorrida. Diante dessa colocação do perito, que não sofreu qualquer impugnação por quem competente para fazê-la (assistentes-técnicos), não há como deixar de reconhecer que o invento objeto da patente MI 3.203.229 já estava abrangido pelo estado da técnica na época do seu depósito no Inpi.[9]

Também foi declarada a nulidade de patente de invenção, por falta de novidade, uma vez que a invenção já estava descrita em patente anterior, de terceiro: "A patente de n. 68.895 não traz em seu texto a novidade que o Código de Propriedade Industrial protege (Decreto-lei n. 7.903/45, vigente à

[7] TFR, 6ª T., Ap. 85.723-SP, rel. Min. Eduardo Ribeiro, j. 11.12.1985, *DJU* 27.02.86, p. 2.200.

[8] TFR, 4ª T., Ap. 93.200/SP, rel. Min. Carlos Velloso, j. 12.08.1985, *DJU* 05.09.1985.

[9] TFR, 3ª Região, 1ª T., Ap. 89.03.09168-0, rel. Juiz Silveira Bueno, j. 14.11.89.

época). De sua análise resulta a conclusão de que se trata, na verdade, de uma réplica da patente n. 58.135, de propriedade da apelada"[10].

Com menção expressa ao conceito de estado da técnica:

> Para que seja concedido o privilégio de invenção, é necessário que o invento constitua novidade e que seja suscetível de utilização industrial. Entretanto, o perito do Juízo conclui que a patente, como um todo, não constitui novidade, já estando atingida pelo estado da técnica, à época do pedido de registro, infringindo, dessa forma, os parágrafos 1º e 2º do artigo 6º do Código da Propriedade Industrial. Assim, claro está que a concessão do privilégio foi descabida, tendo o próprio Inpi reconhecido a sua irregularidade.[11]

Mais uma vez com menção ao estado da técnica, declarando que o aparelho apresentado para patenteamento era igual aos demais aparelhos já existentes:

> Patente de invenção. Aperfeiçoamento em desintegrador de forragens. inexistência de novidade. [No voto do relator lê-se:] Na espécie, ficou demonstrado que existem desintegradores, tanto de procedência estrangeira como nacionais, baseados no mesmo princípio de funcionamento e constituídos do mesmo conjunto de peças daquele que foi objeto da patente exibida pelo autor. É o que se verifica do laudo de fls [...] O perito foi incisivo na negativa ao quesito em que se indagava se o autor inventara qualquer coisa por insignificante que fosse e que não constasse dos demais desintegradores.[12]

E, ainda, reconhecendo a ausência do requisito da novidade, por ato do próprio inventor:

---

[10] TRF-3ª Região, 1ª T., Ap. 89.03.07452-1-SP, rel. Juíza Salette Nascimento, j. 14.12.1993, 01.03.1994.

[11] TRF-2ª Região, 1ª T., Ap. 93.02.12450-9-RJ, rel. Des. Chalu Barbosa, j.11.04.1994, *DJU* 19.05.1994, p.25.662.

[12] TJSP, 3ª Câm. Civ., Ap. 178.035, rel. Des. Sylos Cintra, j. 24.04.1969. (*RT* 404/166)

> Violação de privilégio de invenção. Delito não caracterizado. Ausência de novidade no invento patenteado. Fabricação pelo querelante antes de depositar seu pedido de patente no DNPI. Absolvição decretada [...] O conhecimento público da invenção, por ato do próprio inventor, que já vinha fabricando antes mesmo de requerer a patente, cancela o requisito da novidade, com que se identifica a prioridade e que constitui requisito essencial para a configuração do crime de violação de privilégio de invenção.[13]

Tratava-se, assim, de ação penal movida com base em patente de invenção, reconhecida nula no curso da instrução, gerando a absolvição dos querelados.

Conclui-se que a patente concedida para uma invenção que não preenche o requisito da novidade é nula, por infração ao art. 8º, combinado com o art. 46, da Lei n. 9.279/96.[14]

Nulidade por ausência de atividade inventiva

Gama Cerqueira, como não tratou do conceito de atividade inventiva, indicava casos em que determinadas inovações industriais não constituem invenções. Na verdade, o renomado tratadista enumerou hipóteses de ausência de atividade inventiva, que são:

> a) as modificações de forma, de dimensões, proporções e dosagem;
> b) a substituição de materiais;
> c) as invenções cinemáticas;
> d) a inversão na ordem das operações;
> e) a junção e disjunção de elementos;
> f) a unificação, multiplicação ou supressão de elementos;
> g) a simplificação de processos;
> h) a substituição do trabalho manual pelo mecânico [É possível inserir, aqui, a substituição do trabalho mecânico pelo computadorizado, por exemplo.];
> i) o transporte de uma indústria para outra. (21, p.304)

---

[13] TACrim SP, 3ª Câm. Crim., Apelação Criminal 57.756, rel. Juiz Marcondes Rangel, j. 24.08.1966.

[14] Outros exemplos de nulidades de patentes apreciadas por nossos Tribunais: LEX-JTFR 14/160, LEX-JTFR 14/122 e LEX-JTFR 52/69.

Incluir-se-ia também, na lista de exemplos, a justaposição de meios conhecidos, como explanado anteriormente.

Muitas vezes, a condição da presença de atividade inventiva pode confundir-se com a falta de novidade. Aliás, os examinadores do Inpi e nossos Tribunais trataram, por diversas vezes, a falta de atividade inventiva dentro do contexto de não-patenteabilidade por falta de novidade. O extinto Tribunal Federal de Recursos, ao julgar a Apelação Cível n. 59.198-RJ, por exemplo, declarou que:

> Propriedade Industrial. Indeferimento de Registro de Patente. Ausência de Novidade.
> Apurado, por meio de perícia técnica, que o objeto da reivindicação não tem nível inventivo, consistindo em meras mudanças de forma e dimensões em algo já conhecido, realizadas por meios também conhecidos, sem efeito técnico novo ou imprevisto, descabe a anulação do despacho que indeferiu o registro pleiteado.[15]

Pela simples leitura da ementa, verifica-se que a não-patenteabilidade dessa invenção decorre da falta de atividade inventiva e não da falta de novidade. A falta de nível inventivo identificada pelas "meras mudanças de forma e dimensões em algo já conhecido, realizadas por meios também conhecidos", com efeito novo, não caracteriza a ausência de novidade, mas a ausência de atividade inventiva. O texto do voto do relator é bastante claro.[16]

---

[15] TFR, 4ª T., rel. Min. Ilmar Galvão, j. 20.08.1986, DJU de 11.09.1986.

[16] O voto do Min. Ilmar Galvão baseou-se no parecer do Subprocurador da República, Dr. Paulo Sollberger, onde se lê: "Do bem elaborado laudo do perito do Juízo, único apresentado, basta destacar o seguinte trecho: 'O que foi reivindicado no pedido n. 218.787 não tem nível inventivo e seus característicos reivindicam mudanças de forma e dimensões em algo conhecido (as paredes intercelulares da caixa do acumulador do pedido n. 213.529), por meios conhecidos (molde e injeção de matéria plástica)'. Na verdade, a simples mudança de forma ou dimensão numa disposição construtiva, cujos detalhes são de há muito conhecidos, não são suficientes para configurar uma invenção, salvo se, no conjunto, resultar um efeito técnico novo ou imprevisto, o que não é o caso. As modificações, de forma, de dimensões, de proporções, caracterizam o que a doutrina identifica como simples inovação de caráter construtivo, que não se confundem com as invenções, pois nelas não se encontra 'nenhuma criação, nenhuma originalidade de concepção, nem a manifestação do espírito inventivo, mas simples soluções práticas, que ocorrem a qualquer pessoa perita no ofício e são naturalmente indicadas pelas necessidades correntes ou pela rotina, sem nada apresentarem de peculiar ou inesperado (Gama Cerqueira)". Verifica-se deste trecho, com bastante clareza, que o acórdão estava tratando de falta de atividade inventiva. Presente estava o efeito novo, porém ele decorria de forma evidente do que já era conhecido (estado da técnica), para qualquer pessoa perita no ofício (homem do *métier*).

Por um outro prisma, é compreensível a posição do Tribunal ao declarar a não-patenteabilidade da invenção por falta de novidade, quando, de fato, havia ausência de atividade inventiva. Esta última não estava expressamente prevista na lei como condição de patenteabilidade. O caminho mais simples, portanto, era a rejeição do pedido ou a declaração de nulidade, por falta de novidade, evitando-se discussão sob falta de fundamento legal para a nulidade, em respeito ao princípio constitucional da legalidade. Doravante, entre nós, a questão não se colocará mais dessa forma, pois a nova lei é expressa quanto aos três requisitos de patenteabilidade, entre eles a atividade inventiva.

Na França, onde o conceito de atividade inventiva já estava claro e previsto na lei desde longa data, é farta a jurisprudência dos tribunais declarando a nulidade de patentes por falta dessa condição de patenteabilidade, como relata Mathély:

> É nula por falta de atividade inventiva uma patente, em sua primeira reivindicação, pois, após haver lembrado que era conveniente verificar o estado da técnica a fim de determinar se a reivindicação decorria de maneira evidente, e ter precisado que a novidade da invenção não era discutível, analisou as diferentes patentes anteriores e concluiu, por uma apreciação soberana, que o homem do *métier*, somente com seus conhecimentos, realizou simples operações de execução, excluídas de qualquer atividade inventiva. (Tribunal de Cassação Comercial, 24/4/90)
>
> Uma patente é nula por falta de atividade inventiva, pois o homem do *métier*, com a ajuda de seus conhecimentos profissionais e por um jogo de simples operações de execução, poderia perceber a solução trazida pela invenção, pela combinação dos meios divulgados no estado da técnica. (Tribunal de Paris, 25/6/79)
>
> Uma invenção é desprovida de atividade inventiva, pois os meios que a constituem haviam sido divulgados em aplicações análogas e o homem do *métier* estava em condições de realizar a invenção, utilizando seus conhecimentos profissionais ordinários. (Tribunal de Colmar, 23/9/87) (63, p.94, 98 e segs.)

Também no Brasil, com o novo ordenamento jurídico, uma patente é nula com base nos arts. 46 e 8º, da Lei n. 9.279/96, em caso de ausência do requisito da atividade inventiva.

Nulidade por ausência de aplicação industrial

O caráter industrial ou a aplicação industrial é a condição de fundo de patenteabilidade de mais fácil verificação, como dito. Constatou-se, inclusive, que, em geral, é o primeiro requisito verificado no exame de patente, por ser o mais simples de apurar.

Tratando-se de uma patente concedida para uma invenção sem aplicação industrial, isto é, impossível de ser utilizada ou produzida em qualquer tipo de indústria, será nula. Por ser um requisito de fácil constatação pelos examinadores do Inpi, a concessão de uma patente para uma invenção que não atenda à condição de aplicação industrial constitui um erro grosseiro.

Não se encontrou, nos diversos anais pesquisados, caso de patente declarada nula por falta desse requisito. Mathély (63, p.119), grande coletor da jurisprudência francesa e européia, relata apenas um caso no qual, o depositante da patente recorreu ao judiciário, contra decisão do Inpi francês, para provar que sua invenção tinha caráter industrial. De qualquer forma, a patente concedida para invenção que não preencha o requisito da aplicação industrial será nula em vista dos arts. 46 e 8º, da Lei n. 9.279/96.

CAPÍTULO IV

Condições legais de forma de patenteabilidade e nulidades decorrentes de sua infração

Além das condições legais de fundo ou de mérito vistas, para que a patente seja validamente outorgada, é necessário que, em seu processamento, sejam respeitadas as condições legais de forma.

A invenção, para ser protegida, necessita antes ser depositada na repartição competente para o processamento e expedição de patentes, no caso, o Inpi,[1] o qual irá processar o pedido de patente, visando à verificação das condições legais para, só então, conceder ou rejeitar o pedido de patente. Esse processamento perante o Inpi é formal. Além de preencher os requisitos de fundo da invenção, já estudados, o depositante deverá preencher as condições de forma para obtenção do título jurídico de proteção da invenção – a patente.

[1] O Instituto Nacional da Propriedade Industrial foi criado pela Lei n. 5.648, de 11 de dezembro de 1970, dispondo seu art. 2º, com a nova redação imposta pelo art. 240, da Lei n. 9.279/96, que: "O Inpi tem por finalidade principal executar, no âmbito nacional, as normas que regulam a propriedade industrial, tendo em vista a sua função social, econômica, jurídica e técnica, bem como pronunciar-se quanto à conveniência de assinatura, ratificação e denúncia de convenções, tratados, convênios e acordos sobre propriedade industrial". Por sua vez, dispõe o art. 2º, I, da Lei n. 9.279/96: "A proteção dos direitos relativos à propriedade industrial, considerado o seu interesse social e o desenvolvimento tecnológico e econômico do País, efetua-se mediante: I – concessão de patentes de invenção e de modelo de utilidade". É o Inpi, portanto, o órgão legalmente competente para conceder patentes, cujo regimento interno em vigor é disposto pela portaria n. 40, de 15 de janeiro de 2004, do Ministério do Desenvolvimento, Indústria e Comércio Exterior.

Nesse sentido, Chavanne e Burst (22, p.100) lembram que "a obtenção da patente não é automática. O inventor que deseja proteger sua invenção deve depositar um pedido, submetendo-o a certas formalidades. A administração encarregada da expedição da patente a controla e colabora com o depositante".

Cada um dos escritórios de patentes, nacionais ou regionais, possui regras próprias sobre o processamento e obtenção das patentes. O objetivo é permitir o correto exame dos pedidos de patente, respeitados os princípios de proteção das partes interessadas.

Requisitos do depósito do pedido de patente

O pedido de patente deve atender a uma série de regras de forma, visando a seu correto processamento. Sem uma padronização de todo o processo administrativo seria inviável não só a tarefa dos técnicos da repartição de patentes, mas também o acesso dos inventores ou de seus procuradores ao órgão, pois desconheceriam as regras para a obtenção do direito. As regras de procedimento existem, portanto, como forma de proteção ao próprio cidadão. Esclarece Celso Antônio Bandeira de Mello:

> É no *modus operandi*, é, em suma, na escrupulosa adscrição ao *due process of law*, que residem as garantias dos indivíduos e grupos sociais. Não fora assim, ficariam todos e cada um inermes perante o agigantamento dos poderes de que o Estado se viu investido como consectário inevitável das necessidades próprias da sociedade hodierna. Em face do Estado contemporâneo – que ampliou seus objetivos e muniu-se de poderes colossais – a garantia dos cidadãos não mais reside, sobretudo, na prévia delimitação das finalidades por ele perseguíveis, mas descansa especialmente na prefixação dos meios, condições e formas a que se tem de cingir para alcançá-los. (68, p.300)

No mesmo sentido, Carlos Ari Sundfeld afirma que o respeito ao devido processo legal implica em uma garantia aos particulares (110, p.161): "O devido processo é garantia dos particulares frente ao Estado. Garantia ao mesmo tempo passiva, isto é, dirigida à pessoa enquanto sofre o poder estatal, e ativa, destinada a propiciar o acionamento da máquina estatal pelos membros da sociedade e à obtenção de decisões".

A padronização do procedimento começa desde o pedido de patente. Nos termos do art. 19, da Lei n. 9.279/96, o pedido deverá conter: requerimento, relatório descritivo, reivindicações, desenhos (se for o caso), resumo e comprovante de pagamento da taxa federal relativa ao depósito. O requerimento é um formulário, criado pelo próprio Inpi, com as informações gerais do pedido e a qualificação do depositante, tendo por objetivo a uniformização dos pedidos de patente.

O relatório descritivo, como o nome indica, descreve o estado da técnica e a invenção, isto é, pretende descrever que há uma invenção e sua forma de realização e aplicação. O relatório, em geral, partilha-se em dois capítulos: a introdução e a descrição. Na introdução, o depositante relata o estado da técnica e o problema técnico que pretendeu resolver; em seguida, no curso da descrição propriamente dita, passa à revelação minuciosa da invenção. Da mesma forma na Itália, desde a lei de 1939, como indica Ascarelli, o relatório descritivo deve trazer a descrição da invenção e do estado da técnica anterior:

> No pedido virá alegada a descrição (que costuma iniciar com uma descrição geral da invenção, vindo em seguida o estado da técnica no momento, a indicação do novo princípio e da nova orientação adotada ou da nova finalidade proposta, e a detalhada descrição) da invenção que terminará com um resumo no qual (denominada reivindicação) virão especificamente indicados os novos aportes devidos à própria invenção. (6, p.575)

Ressalte-se que, no caso de pedido de patente relativo à biotecnologia, o relatório descritivo poderá ser suplementado por depósito do material biológico em instituição autorizada pelo Inpi, nos termos do art. 24, parágrafo único, da LPI:

> No caso de material biológico essencial à realização prática do objeto do pedido, que não possa ser descrito na forma deste artigo e que não estiver acessível ao público, o relatório será suplementado por depósito do material em instituição autorizada pelo Inpi ou indicada em acordo internacional.

As reivindicações, por sua vez, deverão ser sempre fundamentadas no relatório descritivo e têm por objetivo a delimitação e especificação do conteúdo da invenção que está sendo protegida.[2] As reivindicações caracterizam, especificamente, o objeto sobre o qual está-se requerendo proteção com exclusividade.

Os desenhos têm o objetivo de esclarecer a invenção, nos casos nos quais cabe o esclarecimento por meio de desenhos. Por exemplo, a invenção de um dispositivo industrial poderá ser esclarecida por desenhos, mas um processo químico não.

O resumo é o sumário da invenção e visa a facilitar a classificação do pedido, de acordo com a matéria reivindicada, para efeito, sobretudo, de buscas ou pesquisas no banco de dados da repartição de patentes.

O pedido de patente, por fim, é acompanhado do comprovante de pagamento da taxa federal relativa ao depósito de patente, cujo valor é determinado pelo próprio Inpi.

Esses são os requisitos formais que deverão ser atendidos pelo depositante do pedido de patente, para que seja protocolizado e tenha início processo, para exame futuro, pela repartição de patentes. Através de Ato Normativo datado de 5 de março de 1997, n. 127, o presidente do Inpi regulamentou diversos dispositivos da Lei n. 9.279/96, referentes às patentes, indicando de forma detalhada o conteúdo do relatório, reivindicações, desenhos e resumo. O texto integral do ato normativo encontra-se no anexo deste livro.

Conteúdo do pedido de patente

Além dos requisitos referentes à forma do pedido de patente, o legislador estabeleceu três outros requisitos, denominados *condições do pedido*, que dizem respeito à forma como se está reivindicando a proteção, ou melhor, à forma de redação do pedido de patente. Em vez da denominação adotada pelo legislador, condições do pedido, mais apropriada seria *condições de forma da redação do pedido*, em contrapartida às condições de fundo da invenção e à forma da petição de depósito.

---

[2] Dispõe o art. 25 da LPI: "As reivindicações deverão ser fundamentadas no relatório descritivo, caracterizando as particularidades do pedido e definindo, de modo claro e preciso, a matéria objeto da proteção".

Tais condições do pedido são: a unidade da invenção, a suficiência da descrição e a subordinação das reivindicações ao relatório, como desenvolvido a seguir.

• *Unidade da invenção*

A primeira das condições redacionais do pedido é a prevista no art. 22, da LPI: "O pedido de patente de invenção terá de se referir a uma única invenção ou a um grupo de invenções inter-relacionadas de maneira a compreenderem um único conceito inventivo". Este é o requisito unidade da invenção.

A unidade da invenção é imposta por três razões diferentes (cf. 63, p.201). Em primeiro lugar, por uma razão financeira, não é permitido que o depositante agrupe várias invenções em um só pedido, em detrimento do funcionamento do sistema e da administração pública. O segundo motivo é não dificultar o exame do pedido, pois um pedido com objetos diferentes poderá viciar a decisão do Inpi. Por fim, a patente é um documento que, por sua natureza, será publicado e posto à disposição da coletividade, devendo, para tanto, ser classificado – sendo inócua a classificação referente a objetos díspares.

• *Suficiência da descrição*

A segunda condição do pedido está prevista no art. 24: "O relatório deverá descrever clara e suficientemente o objeto, de modo a possibilitar sua realização por técnico no assunto e indicar, quando for o caso, a melhor forma de execução". Essa é a condição chamada *suficiência da descrição*. O relatório deve ser feito de tal forma que a invenção possa ser compreendida e executada por um homem do *métier*. É certo que a descrição não precisa ser tal que permita a um leigo entender e executar a invenção. O padrão de compreensão do relatório é baseado no nível médio de conhecimentos de um técnico no assunto.

Ressalte-se que o legislador teve o cuidado de determinar que o inventor revele de forma suficientemente clara a invenção, indo mais além e determinando, também, a indicação da melhor forma de utilização da invenção. Trata-se de dispositivo novo, inexistente até a Lei n. 9.279/96. Tal requisito vale para a proteção tanto dos interesses do depositante como de terceiros. Para o depositante, é fundamental que o objeto do direito esteja bem definido. Do ponto de vista da coletividade, justifica-se tal condição pelo fato de que o Estado confere uma proteção temporária ao inventor, sobre sua invenção, levando-se em consideração, entre outros fatores, que houve a revelação (*disclosure*) da tecnologia. Se ausente a descrição suficiente, depois de expirado o prazo de proteção da patente, a sociedade não terá qualquer benefício, pois nem um técnico na matéria seria capaz de executar a invenção com as informações fornecidas pelo inventor.

Nesse sentido, Gama Cerqueira lembra que:

> O que importa é a descrição pormenorizada da invenção, feita fielmente, sem omissões. [...] A lei, quando exige a descrição, tem em vista que, findo o prazo do privilégio, a invenção reverte ao domínio público, podendo ser livremente usada e explorada. É necessário, pois, de acordo com os fundamentos do sistema de proteção das invenções, que o inventor revele exatamente o seu invento, de modo a permitir a sua realização prática. (21, p.397)

E, mais adiante, o renomado tratadista destaca que a suficiência da descrição destina-se às pessoas competentes na matéria, não se admitindo qualquer dissimulação por parte do inventor:

> Considera-se insuficiente a descrição quando, pelas suas indicações, a invenção não puder ser realizada por pessoas competentes na matéria com que ela se relaciona. Não é necessário, nem a lei poderia exigi-lo, que a invenção seja irrepreensível sob o ponto de vista técnico ou científico. [...] Basta que a descrição, com a ajuda dos desenhos, possa ser bem compreendida pelas pessoas competentes e permitir a realização da invenção. Por insuficiente se tem, entretanto, a descrição se o inventor dissimular os meios de que se utilizou para realizar a invenção ou ocultar os resultados, não os indicando precisamente, ou indicando resultados diferentes. (*ibid.*, p.511)

Conclui-se, portanto, que é condição de forma para a obtenção e validade da patente a invenção estar suficiente e corretamente descrita no pedido de patente correspondente.

• *Subordinação das reivindicações ao relatório*

Por fim, a terceira condição do pedido está prevista no art. 25: "As reivindicações deverão ser fundamentadas no relatório descritivo, caracterizando as particularidades do pedido e definindo, de modo claro e preciso, a matéria objeto da proteção". Como mencionado, o relatório deverá descrever o estado da técnica referente ao ramo da invenção em questão para, em seguida, descrever a própria invenção, declarando, de forma clara, seus benefícios em relação ao estado da técnica anterior.

As reivindicações, por sua vez, delimitam o conteúdo do que será protegido pela patente. Dispõe o art. 41, da LPI: "A extensão da proteção conferida pela patente será determinada pelo teor das reivindicações, interpretado com base no relatório descritivo e nos desenhos". Portanto, a lei define que a extensão da própria patente será determinada pelas reivindicações. Com o pedido de patente, busca-se uma exclusividade temporária de exploração da invenção, que tem natureza de direito de propriedade. Justamente, o conteúdo dessa exclusividade será determinado pelas reivindicações.

Diante disso, é imposição lógica que as reivindicações sejam fundamentadas no relatório descritivo.

Processo de obtenção da patente

A patente de invenção é concedida após a comprovação, por parte do depositante, perante a autoridade competente, do preenchimento das condições legais de patenteabilidade. O primeiro requisito óbvio é o requerimento do título de proteção (carta-patente) dever-se dar perante a autoridade competente. No Brasil, como já mencionado, tal autoridade é o Inpi. A comprovação das condições legais de patenteabilidade se dá através de um processo administrativo, devidamente formal (*due process of law*), visando à proteção do requerente e de terceiros.

Bandeira de Mello define com precisão o procedimento administrativo em geral, como (68, p.291) "uma sucessão itinerária e encadeada de atos administrativos que tendem, todos, a um resultado final e conclusivo". Resultado que, no caso, é a concessão da patente;

> Isto significa que para existir o procedimento cumpre que haja uma seqüência de atos conectados entre si, isto é, armados em uma ordenada su-

> cessão visando a um ato derradeiro, em vista do qual se compôs esta cadeia, sem prejuízo, entretanto, de que cada um dos atos integrados neste todo conserve sua identidade funcional própria, que autoriza a neles reconhecer o que os autores qualificam como "autonomia relativa". Por conseguinte, cada ato cumpre uma função especificamente sua, em despeito de que todos co-participaram do rumo tendencial que os encadeia: destinarem-se a compor o desenlace, em um ato final, pois estão ordenados a propiciar uma expressão decisiva a respeito de dado assunto, em torno do qual todos se polarizam. (*ibid.*)

Como ressaltado na citação, dentro do processo administrativo, cada ato é autônomo e, por conseguinte, cada um deverá ser praticado respeitando-se as regras legais do procedimento.

Gama Cerqueira justifica o processo administrativo, afirmando:

> O pedido de patente ou registro, pelo qual o particular manifesta a sua vontade de obter o reconhecimento de seu direito, dá origem a um processo administrativo, que se destina a verificar o concurso das condições legais de que depende esse reconhecimento e que termina pela decisão da autoridade administrativa competente, na qual se manifesta a vontade do Estado, deferindo ou indeferindo a pretensão do interessado. (21, p.414)

O desrespeito ao devido processo legal poderá implicar prejuízo para terceiros, ou para o próprio depositante. Assim, o legislador previu, nos arts. 30 a 37, as regras do processo administrativo de obtenção da patente de invenção. Esse processo pode ser resumido nas seguintes fases:

- sigilo (art. 30): o pedido de patente é mantido em sigilo por dezoito meses, contados do depósito ou data de prioridade. Esse período é concedido ao inventor para que possa testar ou aperfeiçoar sua invenção ou procurar parceiros para explorá-la, antes de ocorrer sua divulgação. O legislador criou a possibilidade de o depositante melhor esclarecer ou definir o pedido de patente até o início do exame do pedido, respeitando sempre o limite da matéria inicialmente revelada (art. 32, da Lei n. 9.279/96). O desrespeito ao limite da matéria inicialmente revelada, chamado *inclusão de matéria nova*, induzirá à nulidade total ou parcial da patente.

- publicação (art. 31): passado o período de sigilo, o pedido de patente é publicado pelo Inpi, em meio próprio, a Revista da Propriedade Industrial (RPI). A publicação poderá também ser antecipada, isto é, restrito o prazo de sigilo, se assim o requerer o depositante (art. 30, §1º). A publicação torna a invenção acessível ao público, ou seja, revelada ao público. Inclusive, a partir de então, qualquer interessado poderá obter, no INPI, uma cópia integral do pedido de patente.

- exame (arts. 33 a 36):[3] fase em que os técnicos do Inpi verificam se o pedido preenche os requisitos legais de patenteabilidade. Durante toda esta fase, é facultado a qualquer interessado a apresentação de documentos ou informações relativos ao pedido de patente.[4]

Considerando a patente conferir a seu titular direito de propriedade, que lhe permite exclusividade temporária de exploração da invenção, é oportuno qualquer interessado poder se manifestar para impedir a concessão ou restringir o conteúdo da matéria patenteável, permitindo uma fiscalização ampla do objeto que será patenteado.

A lei anterior (5.772/71) previa momentos específicos, com prazos determinados, para a apresentação dessas manifestações. Era possível a manifestação de terceiros por meio de oposição e de recurso contra a decisão de deferimento da patente (art. 19, §1º e 7º, da Lei n. 5.772/71). Agora, a manifestação de terceiros poderá acontecer a qualquer momento desta fase de exame (art. 31).

Havendo ou não manifestação de terceiros, o funcionário do Inpi, após o exame do pedido de patente, elaborará seu relatório e parecer, que poderá declarar a patenteabilidade ou não-patenteabilidade da invenção deposi-

[3] O exame do pedido de patente não é automático. Deve ser requerido pelo depositante ou qualquer interessado, no prazo de 36 meses contados da data do depósito, sob pena de arquivamento do pedido, nos termos do art. 33 da Lei n. 9.279/96.

[4] Dispõe o art. 31 da Lei n. 9.279/96: "Publicado o pedido de patente e até o final do exame, será facultada a apresentação, pelos interessados, de documentos e informações para subsidiarem o exame".

tada; determinar que sejam feitas adaptações ao pedido; determinar a reformulação do pedido ou sua divisão; ou determinar o cumprimento de exigências de ordem técnica ou formal (art. 35, da Lei n. 9.279/96).

Salvo na hipótese de declaração pura e simples de patenteabilidade, o depositante deverá manifestar-se, atendendo ou contestando as determinações do examinador, normalmente denominadas *exigências*. Concluído o exame, o pedido será deferido ou indeferido. Se o pedido for indeferido, o interessado poderá ainda apresentar recurso ao presidente do Inpi (art. 212, da Lei n. 9.279/96), visando a reforma da decisão.

- concessão (art. 38): deferido o pedido, o depositante será notificado para comprovar o pagamento da retribuição correspondente à expedição da carta-patente.

Infrações às condições de forma

Conforme exposto, os requisitos de padronização existem em benefício do próprio usuário do sistema de patentes, que passa a ter acesso às regras de obtenção do direito. A falta de qualquer um dos elementos gera exigência ou indeferimento do pedido de patente. Se, mesmo assim, a patente for concedida, será nula por incidência do art. 46 combinado com os arts. 19 a 21 da Lei n. 9.279/96.

Essa é uma hipótese remota de ocorrência de nulidade, pois se trata de vício de verificação evidente pelo Inpi, além de sanável antes da concessão da patente. De fato, o art. 21 prevê a possibilidade de o pedido ser emendado, mediante o cumprimento de exigências formais determinadas pelo Inpi.[5]

O segundo grupo de condições de forma refere-se às condições do pedido, ou melhor, às condições de forma da redação do pedido. Três são os requisitos que, caso sejam desrespeitados, induzem à nulidade da patente: a falta de unidade da invenção, nos termos do art. 22, da LPI; a insuficiência de descrição da invenção (descumprimento da obrigação de *disclosure*),

---

[5] "O pedido que não atender formalmente ao disposto no art. 19, mas que contiver dados relativos ao objeto, ao depositante e ao inventor, poderá ser entregue, mediante recibo datado, ao Inpi, que estabelecerá as exigências a serem cumpridas, no prazo de trinta dias, sob pena de devolução ou arquivamento da documentação."

conforme o art. 24; e a não-correspondência entre o relatório descritivo e as reivindicações, nos termos do art. 25.

O primeiro requisito do conteúdo do pedido de patente é a unidade da invenção; o pedido de patente deverá referir-se a uma única invençao ou a um grupo de invenções inter-relacionadas. Desrespeitar essa condição gera, durante o exame do pedido, a exigência, por parte do examinador do Inpi, de o pedido de patente ser dividido, nos termos dos arts. 26 a 28, da LPI:

> Art. 26. O pedido de patente poderá ser dividido em dois ou mais, de ofício ou a requerimento do depositante, até o final do exame, desde que o pedido dividido:
> I – faça referência específica ao pedido original; e
> II – não exceda à matéria revelada constante do pedido original.
> Parágrafo único. O requerimento de divisão em desacordo com o disposto neste artigo será arquivado.
> Art. 27. Os pedidos divididos terão a data de depósito do pedido original e o benefício de prioridade deste, se for o caso.
> Art. 28. Cada pedido dividido estará sujeito a pagamento das retribuições correspondentes.

Entretanto, caso o Inpi não faça tal exigência, nem o depositante, espontaneamente, requeira a divisão, e a patente venha a ser concedida, será um caso de nulidade por aplicação do art. 46 combinado com o art. 22, da LPI.

Em segundo lugar, importantíssimo é o requisito da suficiência da descrição. Para ser protegida, a invenção precisa estar corretamente descrita. A insuficiência da descrição gera a nulidade da patente, com base nos arts. 46 e 24 ("O relatório deverá descrever clara e suficientemente o objeto, de modo a possibilitar sua realização por técnico no assunto e indicar, quando for o caso, a melhor forma de execução"), da LPI. Idêntica é a disposição do direito francês, como indicam Chavanne e Burst (22): "A sanção de insuficiência descritiva é severa: a nulidade da patente".

Da mesma forma no direito italiano, como indica Ascarelli:

> Por isso o art. 59, da Lei de Patentes, comina a nulidade da patente quando a descrição não contenha todas as indicações necessárias para que

> uma pessoa do *métier* possa colocar em prática a invenção (e poderemos dizer que, nesta hipótese, o bem imaterial não pode se constituir especificamente de um vício, que diz respeito à tutela de um interesse geral, no pedido de patente). (6, p.576-7)

Gama Cerqueira, por sua vez, ressalta que:

> O que a lei quer, portanto, é que o inventor revele integralmente a invenção de modo a realizá-la, permitindo que, pela sua descrição, qualquer pessoa competente no assunto possa pô-la em prática. Em conseqüência, se o inventor não tiver descrito a invenção de maneira precisa e clara, faltando à verdade ou ocultando matéria essencial ao seu conhecimento, a lei declara nula a patente. (21, p.511)

Há casos em que a insuficiência de descrição se dá também por falta de clareza da descrição. Por exemplo, o extinto Tribunal Federal de Recursos, ao julgar a Apelação Cível n. 53.973-RJ, determinou ser correta a decisão do INPI que indeferira pedido de patente, cujas reivindicações não estavam devidamente caracterizadas e definidas (TFR, 4ª T., rel. Min. Antônio de Pádua Ribeiro).

A insuficiência de descrição pode, inclusive, derivar de um expediente a que se socorre o inventor, procurando obter uma dupla proteção para sua invenção, isto é, protegendo o que descreveu pela patente e o que escondeu, pelo segredo, fruto da não-divulgação. É justamente isso que o legislador pretende evitar.

Terceiro requisito de forma é a correspondência entre o relatório descritivo e as reivindicações, como determinado pelo art. 25 da Lei n. 9.279/96: "As reivindicações deverão ser fundamentadas no relatório descritivo, caracterizando as particularidades do pedido e definindo, de modo claro e preciso, a matéria objeto da proteção". Decerto até mesmo em respeito à lógica, as reivindicações, que caracterizam e delimitam o direito do inventor, nos termos do art. 41 ("A extensão da proteção conferida pela patente será determinada pelo teor das reivindicações, interpretado com base no relatório descritivo e nos desenhos."), devem estar fundamentadas no relatório descritivo.

É impossível vislumbrar a possibilidade de patente válida com as reivindicações desconectadas do relatório descritivo. Caso alguma reivindicação esteja em dissonância com o relatório descritivo, esta reivindicação, ou até mesmo toda a patente, se for o caso, será nula pela aplicação do art. 46, combinado com o art. 25, da Lei n. 9.279/96.

Nulidade por infração ao processo de obtenção da patente

A patente também será nula se concedida ao arrepio das disposições legais referentes ao processamento e exame do pedido, isto é, se for desrespeitado o *due process of law* (arts. 30 e seguintes), que também integra o rol das condições de forma.

Como visto, o exame e a concessão da patente seguem um rito formal, com etapas bem definidas na lei, que não podem ser alteradas ou suprimidas. O não-respeito às regras de processamento pode levar à nulidade da patente. Se o pedido de patente, por exemplo, não for publicado ou for incorretamente publicado, a patente concedida será nula pela aplicação dos arts. 46 e 30.

Se não for requerido o exame, e o Inpi, de ofício, proceder ao exame do pedido, a patente concedida será nula por aplicação dos arts. 46 e 33. Nesse sentido, o extinto Tribunal Federal de Recursos, no julgamento da Apelação Cível n. 36.005-SP, decretou a nulidade de patente de invenção, a qual, entre outras irregularidades, em seu processo de obtenção, desrespeitou o *due process of law*, pois o pedido de patente foi deferido antes do decurso do prazo de recurso (TFR, 2ª T., rel. Min. Jarbas Nobre, *DJU* 30.09.1975, p. 7.003).

Havendo, por outro lado, exigência do Inpi para que o depositante preste algum esclarecimento ou altere algum dado do pedido, se tal exigência não for atendida ou contestada e, ainda assim, o Inpi conceder a patente, ela será nula nos termos dos arts. 46 e 36. Nessa categoria, inclui-se, também, a possibilidade de a patente ser nula por ter sido concedida para matéria mais ampla do que a constante do pedido original, por inclusões do depositante, ao arrepio do art. 32, que dispõe: "Para melhor esclarecer ou definir o pedido de patente, o depositante poderá efetuar alterações até o requerimento do exame, *desde que estas se limitem à matéria inicialmente revelada no pedido* [grifos nossos]".

Essa é uma importantíssima causa de nulidade, total ou parcial, de patente, por vício de forma. Trata-se da inclusão de matéria nova. O depósito do pedido de patente é feito perante o Inpi, em dia e hora determinados. Como já ressaltado, a fixação desse momento é de suma relevância, pois essa data determina os limites temporais do exame da patenteabilidade. A novidade e a atividade inventiva serão apreciadas levando-se em consideração o estado da técnica até o dia do depósito. Interessam as divulgações ocorridas até o dia do depósito do pedido de patente; as posteriores não. A data poderá retrotrair nos casos das exceções legais da reivindicação de prioridade[6] e do art. 12.[7]

Essa regra é determinante, pois, de fato, o pedido de patente, em vista do período de sigilo, acrescido da morosidade do próprio procedimento, é examinado pelo técnico do Inpi alguns anos após seu depósito, quando o estado da técnica já poderá ter evoluído consideravelmente. Não se pode admitir, portanto, que o depositante da patente adicione matéria nova no curso do processo de obtenção da patente. É certo que o depositante poderá melhor esclarecer ou definir a invenção, sem jamais extrapolar o limite do que já havia sido revelado e reivindicado no pedido original.

Ressalte-se que o art. 32 estabelece que essas alterações, sempre limitadas, poderão ser feitas até o requerimento do exame. No entanto, pelo disposto no art. 36,[8] verifica-se que, durante o exame, o depositante também terá a oportunidade de se manifestar, inclusive para melhor esclarecer e definir a invenção. Não há disposição expressa no sentido de, nesse momento, não poder o depositante incluir matéria nova. Entretanto, a única interpretação possível é que se o depositante já não poderia extrapolar a matéria ini-

---

[6] A data limite para se considerar o conteúdo do estado da técnica é o dia do depósito do pedido de patente. A primeira exceção é a do pedido em que se reivindica o benefício da prioridade do depósito no país de origem, nos termos da Convenção de Paris. Neste caso, o conteúdo do estado da técnica terá como data limite a data de depósito do pedido prioritário no país de origem.

[7] A segunda exceção à data de fixação do conteúdo do estado da técnica como sendo a data do depósito do pedido de patente é a prevista no art. 12: "Não será considerada como estado da técnica a divulgação de invenção ou modelo de utilidade, quando ocorrida durante os doze meses que precederem a data de depósito ou a da prioridade do pedido de patente, se promovida: I – pelo inventor; II – pelo Instituto Nacional da Propriedade Industrial-Inpi, através de publicação oficial do pedido de patente depositado sem o consentimento do inventor, baseado em informações deste obtidas ou em decorrência de atos por ele realizados; ou III – por terceiros, com base em informações obtidas direta ou indiretamente do inventor ou em decorrência de atos por este realizados".

[8] "Quando o parecer for pela não patenteabilidade ou pelo não enquadramento do pedido na natureza reivindicada ou formular qualquer exigência, o depositante será intimado para manifestar-se no prazo de noventa dias."

cialmente descrita nos esclarecimentos anteriores ao pedido de exame, com maior razão ainda, não poderá incluir matéria nova durante o exame, ao responder eventuais exigências formuladas pelo examinador. A inclusão de matéria nova no curso do processo de obtenção da patente induz à sua nulidade total ou parcial, nos termos dos arts. 46 e 32.

No mesmo sentido, na França, Chavanne e Burst informam que as reivindicações poderão ser alteradas, porém sempre nos limites do que havia sido descrito inicialmente:

> As reivindicações não são intangíveis. Elas podem ser modificadas no curso do procedimento de obtenção ou após a concessão. No que concerne às modificações anteriores à concessão, o demandante pode, em primeiro lugar, modificar as reivindicações por sua própria iniciativa entre o dia do depósito e o início do exame. O depositante pode ainda modificar suas reivindicações – pode, inclusive, ter a obrigação de fazê-lo – no curso do procedimento de concessão, após a notificação do relatório de pesquisa ou de observações de terceiros [...] As modificações podem ser extensivas ou restritivas *à única condição de que elas sejam sempre suportadas pela descrição* [grifo nosso]. (22, p.129-30)

A lei francesa de patentes dispõe claramente que:

> Art. 49 – É nula a patente: [...] Se seu objeto se estende além do conteúdo do pedido tal qual depositado ou, uma vez que a patente foi processada com base em um pedido divisionário, se seu objeto se estende além do conteúdo do pedido inicial tal como depositado.

Também na França, como na maioria dos ordenamentos jurídicos, a patente será nula caso tenha havido inclusão de matéria nova, no curso do processo administrativo, não descrita no pedido original.

CAPÍTULO V

Invalidade por infração a direitos de terceiros

Na vigência da lei anterior, o tratado de Gama Cerqueira (21, p.508 – atualizado por Luiz Gonzaga do Rio Verde e João Casimiro Costa Neto, daí a menção à Lei n. 5.772/71 e não ao Decreto-lei n. 7.903/45, vigente à época em que Gama Cerqueira o elaborou) enumerava três casos de nulidade por preterição a direitos de terceiros, se a patente for concedida ao arrepio de: depósito no Inpi de outra patente para a mesma invenção; títulos de garantia de prioridade, previstos no art. 7º, da antiga Lei n. 5.772/71; e depósito de pedido de patente em país estrangeiro por pessoa que possa invocar o direito de prioridade assegurado por tratado ou convenção vigente no Brasil.

No primeiro item há uma mera coincidência. Não é a hipótese de pedido de patente anterior já publicado, pois aí seria o caso de anterioridade, que afeta o requisito da novidade por já ter havido divulgação. Quando se fala em violação a direito de terceiro, só pode estar-se referindo a pedido de patente ainda não publicado, na época do depósito do segundo pedido; caso contrário, seria incluído na hipótese do parágrafo anterior, isto é, falta de novidade.

A lei atual, de qualquer forma, não permite mais a interpretação dada por Gama Cerqueira, pois declara que o conteúdo dos pedidos de patente anteriores, mesmo não publicados, uma vez publicados, retroage e ingressa no estado da técnica na data do depósito do pedido. Veja-se a regra do art.

11, § 2º: "o conteúdo completo de pedido depositado no Brasil, e ainda não publicado, será considerado estado da técnica a partir da data de depósito, ou da prioridade reivindicada, desde que venha a ser publicado, mesmo que subseqüentemente". Portanto, uma patente concedida a despeito da existência de pedido de patente anterior, para a mesma invenção, será nula por falta de novidade e não por violação a direito de terceiro.

O segundo caso de nulidade por infração a direito de terceiros indicado por Gama Cerqueira é o disposto no art. 7º, da lei anterior, que previa a possibilidade de o inventor apresentar ao Inpi uma descrição preliminar da invenção, antes de depositar o pedido de patente, garantindo sua prioridade para obtenção de patente sobre a invenção descrita. Essa garantia de prioridade era válida por um ano, para os casos de patente de invenção. A patente concedida a um terceiro, portanto, ao arrepio da garantia de prioridade desse artigo, seria uma patente nula, por violar direito de terceiro. Essa disposição não foi repetida na lei atual, passando a não existir mais essa possibilidade de nulidade.

O terceiro caso indicado por Gama Cerqueira é a nulidade por violação a direito da prioridade unionista, prevista na Convenção de Paris, já explanada. Efetivamente, o depositante de um pedido de patente em um dos países signatários da Convenção da União de Paris dispõe de um prazo de doze meses, contados da data de depósito no país de origem, para o depósito nos demais países. Ressalvando-se que as divulgações ou apropriações ocorridas em tal período não afetarão seu direito prioritário de obter a patente nesses países. Caso o titular do direito de prioridade exerça seu direito, depositando o pedido de patente no Brasil, dentro do prazo da Convenção de Paris, o pedido depositado por terceiro para a mesma invenção, dentro desse período, será indeferido. Do contrário, a patente será inválida por violar direito de terceiro.

Segundo as regras próprias da Convenção do PCT, é cabível o depósito de um pedido de patente perante uma repartição de patentes autorizada, com designação de proteção dos demais países integrantes da Convenção. Após o depósito na referida repartição, o depositante tem o direito de validar seu depósito nos demais países designados dentro do prazo de vinte ou trinta meses subseqüentes (art. 22).

Há, ainda, uma outra hipótese de invalidade por violação a direito de terceiro que, aliás, parece a mais latente. Dispõe o art. 6º da LPI: "Ao autor de invenção ou modelo de utilidade será assegurado o direito de obter a patente que lhe garanta a propriedade, nas condições estabelecidas nesta Lei". Verifica-se que o direito de obter a patente é do autor da invenção. A patente também poderá ser requerida pelos sucessores do inventor ou cessionário da invenção.[1] Entretanto, caso a invenção seja usurpada, e a patente seja requerida por terceiro, que não é o inventor e não está autorizado por ele, tal patente será inválida por infração aos direitos do inventor, nos termos do art. 6º.

Nessa hipótese, podem incluir-se, eventualmente, as invenções de empregados. Tais invenções possuem três tratamentos legais distintos. Podem pertencer exclusivamente ao empregador,[2] caso o exercício da atividade inventiva decorra da natureza do contrato de trabalho ou da função do empregado, ou seja, o empregador contratou o empregado já prevendo a possibilidade de surgirem invenções – é a invenção de serviço. Poderão pertencer exclusivamente ao empregado,[3] se a invenção desenvolvida é desvinculada do contrato de trabalho e dos meios fornecidos pelo empregador – é a invenção livre. E, por fim, poderá a invenção pertencer a ambas as partes,[4] caso à contribuição pessoal do empregado (sem função inventiva) tenham-se adicionado os meios fornecidos pelo empregador – é a invenção mista ou dependente.[5]

Se desrespeitadas as regras de qualquer um dos artigos anteriores e requerida a patente em nome de pessoa indevida, ela será inválida. A patente, por exemplo, requerida pelo empregado na hipótese de a invenção pertencer ao empregador, gera uma patente inválida. Haveria, portanto, apenas duas hipóteses de invalidade de patente por infração a direito de terceiros.

---

[1] Lei n. 9.279/96, art. 6º, § 2º: "A patente poderá ser requerida em nome próprio, pelos herdeiros ou sucessores do autor, pelo cessionário ou por aquele a quem a lei ou o contrato de trabalho ou de prestação de serviços determinar que pertença a titularidade".

[2] Lei n. 9.279/96, art. 88: "A invenção e o modelo de utilidade pertencem exclusivamente ao empregador quando decorrerem de contrato de trabalho cuja execução ocorra no Brasil e que tenha por objeto a pesquisa ou a atividade inventiva, ou resulte esta da natureza dos serviços para os quais foi o empregado contratado".

[3] Lei n. 9.279/96, art. 90: "Pertencerá exclusivamente ao empregado a invenção ou o modelo de utilidade por ele desenvolvido, desde que desvinculado do contrato de trabalho e não decorrente da utilização de recursos, meios, dados, materiais, instalações ou equipamentos do empregador".

[4] Lei n. 9.279/96, art. 91: "A propriedade de invenção ou de modelo de utilidade será comum, em partes iguais, quando resultar da contribuição pessoal do empregado e de recursos, dados, meios, materiais, instalações ou equipamentos do empregador, ressalvada expressa disposição contratual em contrário".

[5] A questão é bastante complexa, não cabendo um maior desenvolvimento no escopo deste estudo. *Vide* FEKETE (38), sob a égide da Lei n. 5.772/71; e, sob a égide da nova lei, CARVALHO (18).

Em primeiro lugar, há a possibilidade de coincidência internacional: um inventor estrangeiro (beneficiário da Convenção de Paris) realizou uma invenção e a depositou em seu país. A invenção não foi divulgada, e o pedido de patente não foi publicado, portanto, não há implicação quanto à novidade. Um outro inventor realiza a mesma invenção, pouco tempo depois, e deposita o pedido de patente no Brasil. Se aquele inventor que depositou primeiro no estrangeiro, dentro do período subseqüente de doze meses, previsto na Convenção de Paris, deposita, no Brasil, pedido de patente com reivindicação de prioridade de seu depósito no estrangeiro, seu direito retroage à data do depósito no estrangeiro. Assim, mesmo que tenha sido o segundo a depositar no Brasil, será o titular da patente no Brasil. Se, ao contrário, a patente for concedida ao primeiro a depositar no Brasil, porém em violação ao direito convencional de prioridade do estrangeiro, a patente será inválida.

A segunda possibilidade é da usurpação da invenção. A patente é depositada por alguém que usurpou a invenção de seu real titular. Trata-se de infração ao art. 6º, da LPI, que determina a patente ser concedida ao autor da invenção, ou a seus sucessores de direito. Nesse caso, indaga-se se a hipótese seria de nulidade ou de exceção à regra geral da invalidade das patentes, constituindo-se um caso de patente anulável.

Há, nessas hipóteses, mais um vício do consentimento, gerador de anulação, do que violação à lei, causadora de nulidade de pleno direito. Portanto, há uma exceção à regra geral, tratando-se de patente anulável e não nula. Em primeiro lugar, a causa de invalidade é vício do consentimento, previsto no art. 171, do CC, que dá margem à anulação.[6] Por outro lado, não é possível essa invalidade ser alegada por qualquer pessoa. Somente o inventor usurpado poderia pleitear a anulação, nos termos dos arts. 177 e 183, do CC. Ademais, essa invalidade é sanável – o que é típico de atos jurídicos anuláveis e não nulos.

Efetivamente, como se verá mais adiante, a hipótese de invalidade por usurpação da invenção poderá ser objeto, alternativamente, de uma ação de reivindicação. Ora, se cabe reivindicação da patente concedida, regularizando-se a situação jurídica, é difícil aceitar o enquadramento como ato nulo, que jamais permitiria a regularização ou ratificação do ato.

---

[6] Os vícios do consentimento são o erro, dolo, coação, estado de perigo, lesão ou fraude contra credores (art. 171, III, do CC). Nessa hipótese, trata-se do vício do erro, pois o Inpi concede a patente a quem não é o correto titular da invenção.

No mesmo sentido, o autor português Osório de Castro (19, p.104) afirma, peremptoriamente, que, no caso de patente concedida com preterição dos direitos de terceiros, a invalidade é do tipo mista, pois só pode ser invocada pelo particular cujos direitos foram preteridos, mas pode sê-lo a todo o tempo. Reitera-se, assim, ser esta uma exceção à regra da nulidade, tratando-se de caso de patente anulável.

CAPÍTULO VI

Invalidade das patentes de invenção

É importante lembrar que a verificação da natureza da deficiência do ato jurídico não tem por objetivo o simples deleite do jurista. Ao contrário, essa atividade é absolutamente relevante, pois se inexistente, nulo ou anulável o ato, diversas são suas conseqüências ou efeitos.

Embora, como já verificado anteriormente, o estudo da teoria dos atos jurídicos seja penoso, sobretudo em vista da presença de amplo debate a respeito da diferenciação entre os planos de existência, validade e eficácia e, mais especificamente, quanto à invalidade, na diferenciação entre nulidade absoluta e relativa, para alguns, e nulidade e anulabilidade para outros, no caso da deficiência das patentes de invenção, o entendimento mais correto é o que reconhece tratar-se de nulidade do ato administrativo de concessão da patente.

Determinação da via da nulidade

Antes da verificação da questão da invalidade propriamente dita da patente de invenção, é necessário um breve comentário sobre a possibilidade de inexistência da patente, pois, como visto no capítulo precedente, é causa de deficiência mais grave do que a invalidade.

Ao contrário do plano da invalidade, o plano da existência, no referente às patentes de invenção, tem pouca aplicação. Não foi encontrado, na doutrina pesquisada e na jurisprudência, caso em que se tenha discutido a existência do ato de concessão da patente. O ato é inexistente quando ausente algum de seus elementos essenciais, ou, no dizer do mestre Planiol (87, p.129), ato inexistente é aquele que não foi realmente praticado, só existindo na aparência.

A patente legalmente concedida pelo Inpi, órgão estatal competente para tanto, jamais será inexistente. Poderá, como desenvolvido mais adiante, ser, em várias hipóteses, inválida. Vislumbra-se, assim, um caso hipotético de patente inexistente. Uma carta-patente expedida por qualquer outro órgão, que não o Inpi, é um título inexistente – não gera qualquer efeito no mundo jurídico, é um verdadeiro nada. Efetivamente, uma patente expedida por outro órgão ou forjada, fruto de uma falsificação, por exemplo, somente existe na aparência, faltando o elemento essencial do ato de concessão da patente. Portanto, o interesse do presente estudo restringe-se ao plano da validade das patentes de invenção, a seguir explanado.

Dispõe o art. 46, da Lei n. 9.279/96: "É nula a patente concedida contrariando as disposições desta Lei"[1]. A matéria é brevemente tratada na Convenção da União de Paris e no Acordo do Trips.[2] Os dois tratados internacionais unicamente estabelecem a liberdade das leis nacionais de prever os procedimentos de declaração de nulidade.

---

[1] Direito anterior:
Lei n. 5.772/71, Capítulo XVII – Da Nulidade e do Cancelamento de Privilégio:
"Art. 55. É nulo o privilégio quando:
a) seu objeto não observou as condições dos arts. 6º, 10, 11 e 12;
b) tiver sido concedido contrariando os arts. 9º e 13;
c) tiver sido concedido contrariando direitos de terceiros;
d) o título não corresponder ao seu verdadeiro objeto;
e) no seu processamento, tiver sido omitida qualquer das providências determinadas por este Código, necessárias à apreciação e expedição da respectiva carta-patente;
f) não tiver sido observado o disposto no § 3º do art. 40.
Parágrafo único. A nulidade poderá não incidir sobre todas as reivindicações do privilégio".

[2] Direito convencional aplicável:
A) Há somente uma disposição da Convenção da União de Paris para a Proteção da Propriedade Industrial, texto da Revisão de Estocolmo (Decreto n. 1.263, de 10 de outubro de 1994), que trata da nulidade de patente:
Art. 4º *quarter* – "Não poderá ser recusada a concessão de uma patente e não poderá ser uma patente invalidada em virtude de estar a venda do produto patenteado ou obtido por um processo patenteado sujeita a restrições ou limitações resultantes da legislação nacional".

O legislador trata indistintamente as nulidades das patentes de invenção e das patentes de modelo utilidade. Apesar das condições de patenteabilidade da invenção e do modelo serem diferentes, as regras de nulidade e seus procedimentos aplicam-se às duas espécies de patentes. O presente estudo concentra-se somente nas nulidades das patentes de invenção.

O melhor entendimento, acompanhando os clássicos doutrinadores pátrios, como Gama Cerqueira (21, p.499), Pontes de Miranda (89, p.371), Carvalho de Mendonça (71, p.166), Waldemar Ferreira (40, p.565-8), e, também, Ramella (91, p.311), na Itália, Breuer Moreno (73, p.485), na Argentina, Chavanne e Burst (22, p.158), na França, e Osório de Castro (19, p.104), em Portugal, é que, no caso de invalidade de patente, está-se diante de um ato nulo e não anulável. No mesmo sentido, nossos autores mais recentes, entre eles, Domingues (33, p.316), Tavares Paes (82, p.61) e Newton Silveira (105, p.39). A questão não gera maiores dúvidas quando se trata de patentes. Há a solitária opinião em sentido diverso, de Tinoco Soares (109, p.92), que entende ser anulável o ato de concessão de patente.

No que se refere aos registros de marcas, a questão é menos pacífica, escapando, porém, aos limites deste estudo. Tratando-se de invalidade de registro de marcas a questão é mais complexa, pois a ineficácia é suprida pela prescrição da ação de nulidade (anulação) – o que não ocorre com a ação de nulidade de patente. Nesse sentido, a tese de doutorado de Paulo Roberto Costa Figueiredo (41), que estuda com profundidade a questão da invalidade do registro de marcas.

Dispõe o art. 166, VII, do CC, que "É nulo o negócio jurídico quando: [...] VII – a lei taxativamente o declarar nulo, ou proibir-lhe a prática, sem cominar sanção". Portanto, em vista do disposto no art. 46, da Lei n. 9.279/96, parece claro que a invalidade da patente retrata uma nulidade. Sempre que algum dispositivo dessa lei tiver sido violado, a patente concedida será nula, por imposição do art. 46. Conclui-se, sem reservas, que a patente inválida é, na verdade, nula por expressa determinação legal.

B) Trips – Decreto n. 1.335, de 30 de dezembro de 1994 (*DOU* de 31.12.94) – Acordo Constitutivo da Organização Mundial de Comércio – OMC, Anexo 1C.
O texto do Trips não trata diretamente da nulidade, apenas prevê a oportunidade de revisão judicial da decisão administrativa de nulidade. A contrário senso, o Trips prevê a possibilidade de declaração de nulidade de patente sem, no entanto, adentrar em suas causas. "Art. 32 – Nulidade/Caducidade – Haverá oportunidade para recurso judicial contra qualquer decisão de anular ou de caducar uma patente".

Há casos em que a patente pode ser nula, também, por violação aos incs. II, IV e V do art. 166, do CC. Se a patente, por exemplo, for concedida para invenção cujo objeto é contrário à lei, gerará certamente uma patente nula em vista de seu objeto ilícito. Se a patente for concedida para invenção cuja matéria está excluída de patenteabilidade, nos termos do art. 18, da LPI, também estar-se-á diante de um caso de nulidade por objeto ilícito ("II – for ilícito, impossível ou indeterminável o seu objeto").

Por sua vez, dispõem os incs. IV e V: "IV – não revestir a forma prescrita em lei; V – for preterida alguma solenidade que a lei considere essencial para a sua validade". Exemplo claro da aplicação dos incisos é o caso da patente concedida ao arrepio das disposições relativas ao processo de obtenção da patente (*due process of law*), vício que gera a nulidade da patente. De qualquer modo, pode-se afirmar que, no caso deste estudo, as hipóteses de nulidade previstas nos incs. II a V podem ser reunidas no inc.VII.

Como visto, dispõe o art. 46, da LPI, que qualquer contrariedade às disposições da referida lei induz à nulidade da patente concedida. Assim, quaisquer das irregularidades que possivelmente pudessem ser incluídas nos incs. II a V, do art. 166, do CC, contrariam dispositivos da LPI e geram a nulidade da patente, em vista de previsão legal (art. 46), nos termos do inc.VII, do art. 166.

Por fim, não se vislumbra a hipótese de incidência do art. 166, I, do CC: "I – celebrado por pessoa absolutamente incapaz". O ato cuja validade seria questionada é o de concessão da patente, praticado pelo órgão competente, isto é, o Inpi. Não há como questionar a capacidade civil do Inpi, pois tal questão só se aplica às pessoas físicas. O Inpi é representado por pessoas físicas, funcionários que atuam em suas competências. Se, por exemplo, for falsificada a assinatura de um funcionário para a expedição da patente ou se a carta-patente for forjada, estar-se-á diante de um título falso, ou seja, inexistente, e não nulo. Se, por outro lado, os atos administrativos referentes à concessão da patente forem praticados por funcionário incompetente para tanto, dar-se-á uma nulidade por violação às regras do *due process of law*, o que caracteriza nulidade por infração a uma condição de forma, que será desenvolvida mais adiante.

O fato de o inventor ser menor, louco, ou silvícola, por exemplo, em nada afeta a validade da patente, se requerida por seu representante legal.[3]

---

[3] PONTES DE MIRANDA (89, p.269): "Podem criar o absolutamente incapaz e o relativamente incapaz. A invenção do louco é patenteável. Idem, a do surdo-mudo. [...] Ao representante legal é que cabe requerer a patente".

Aliás, ainda que a patente tenha sido requerida pelo incapaz, tal fato não induz à invalidade da patente, pois o ato jurídico de que se investiga a validade é o ato de concessão da patente, praticado pelo Inpi e não pelo requerente da patente.

Vistas assim as diversas hipóteses do art. 166, do CC, reiteramos que a patente inválida é nula e não anulável. Há, porém, uma exceção: a hipótese de patente concedida em violação a direito de terceiros, que estaria incluída no contexto de patente anulável e não nula, como se demonstrará.

Efeitos da nulidade das patentes de invenção

Segundo os ensinamentos de Carvalho Santos (98, p.232-3), já citados, podem-se enumerar as seguintes características da patente nula: não produz efeitos; o é em face de qualquer pessoa; não pode ser sanada; e os efeitos da nulidade da patente são *ex tunc*.

Os efeitos da declaração de nulidade podem ser assim resumidos: quanto à data, a nulidade produz efeitos *ex tunc*, isto é, desde sempre; quanto às pessoas, a nulidade é pronunciada *erga omnes*; quanto a sua extensão, a nulidade pode ser parcial ou total, isto é, atingir todas as reivindicações ou apenas uma ou algumas delas; e quanto ao Inpi, a nulidade não implica sua responsabilidade. A seguir, trata-se de cada um desses grupos de efeitos.

• *Quanto à data*

Em primeiro lugar, dispõe o art. 48 da Lei n. 9.279/96: "A nulidade da patente produzirá efeitos a partir da data do depósito do pedido". Além do dispositivo expresso do art. 46, já comentado, o art. 48 ratifica a idéia de a ineficácia da patente ser realmente caso de nulidade e não de anulação. Dispõe esse artigo que a nulidade produzirá efeitos desde a data do depósito do pedido, isto é, desde sempre. Trata-se dos chamados efeitos *ex tunc*, isto é, para trás. A doutrina já reconhecia pacificamente que a declaração de nulidade produz efeitos *ex tunc* (por exemplo, 20, p.499). Essa nova disposição legal, não expressa na norma anterior, suprime qualquer eventual dúvida.

Os casos de anulação, ao contrário, geram efeitos *ex nunc*, isto é, a partir da data do reconhecimento da invalidade. No caso de declaração de nulidade, a patente é cancelada e nenhum efeito gerou pelo lapso de tempo entre o depósito e o reconhecimento da nulidade.

Na França, a declaração de nulidade também gera efeitos *ex tunc*, como já indicava o mestre Roubier (95, p.295): "A nulidade produz seu efeito no passado como no futuro; uma patente nula é considerada como nunca existido: há, em toda nulidade uma retroatividade". No mesmo sentido, ressaltam Chavanne e Burst (22, p.158): "A anulação da patente, quando é pronunciada, conduz à destruição retroativa da patente. A patente é considerada como jamais tendo existido posto que nula *ab initio*. Todos os atos a ela relacionados serão, a seu turno, nulos por falta de objeto". Na Itália, da mesma forma advertia Ascarelli (6, p.626).

Em vista de a nulidade atingir a patente *ab initio*, os eventuais atos de exploração da invenção patenteada, uma vez declarada nula, não constituem atos de contrafação. A declaração de nulidade, portanto, cobre de licitude os atos de exploração da invenção por terceiros, anteriormente tidos como ilícitos. Podem, por exemplo, ser consideradas abusivas as medidas tomadas pelo titular da patente contra aquele que vinha reproduzindo a invenção, que, em verdade, não era contrafator, pois inexiste violação de direito se a patente é nula. No mesmo sentido, podem ser declarados indevidos os *royalties* pagos a título de remuneração por patente declarada nula.

Na França, o professor Mousseron (75, p.991) afirma que a nulidade da patente induz automaticamente à nulidade dos contratos que a tenham por objeto, como os contratos de cessão e de licença. Mathély (63, p.338-9) sustenta que a devolução da remuneração já paga dependerá de prova de que o licenciado não obteve benefícios com o contrato de licença de exploração da patente, em vista de sua nulidade. O autor português Carlos Osório de Castro (19, p.105) considera o licenciado ter tido um benefício de fato, pois terceiros se abstiveram de explorar a invenção, respeitando a patente posteriormente reconhecida nula, mas tal conclusão indica certo exagero, ao presumir que, obrigatoriamente, a patente foi respeitada.

Parece claro o melhor entendimento ser o do mestre Mathély: se o licenciado de patente nula obteve benefícios com o contrato de licença, mesmo com a declaração de nulidade da patente, os *royalties* pregressos são devidos. Se, ao contrário, o licenciado demonstrar que foi ludibriado e estava pagando indevidamente, os *royalties* deverão ser repetidos.[4] Portanto, há de se verificar caso a caso se houve benefício em prol do licenciado.

• *Quanto às pessoas*

Por outro lado, tratando-se de nulidade, seu reconhecimento atinge a todos, com efeitos *erga omnes*, e não somente as partes envolvidas no processo administrativo ou na ação judicial que declara a nulidade.

É princípio básico de direito processual civil, aplicável ao processo administrativo, que a decisão proferida em julgamento de ação judicial ou processo administrativo só surte efeitos para as partes envolvidas. A eficácia da sentença ou da decisão administrativa é limitada às partes que integraram a lide ou o processo administrativo. Nesse sentido, dispõe o art. 472, do CPC: "A sentença faz coisa julgada às partes entre as quais é dada, não beneficiando, nem prejudicando terceiros".

No caso das patentes, a declaração de nulidade dar-se-á no curso de um processo administrativo ou judicial de nulidade, os quais são estudados mais adiante. Tais processos reunirão pelo menos três pessoas: o requerente da nulidade, o titular da patente e o Inpi. Conforme os arts. 51 e 56, da Lei n. 9.279/96, os processos administrativo e judicial de nulidade poderão ser propostos pelo próprio Inpi. Neste caso, tais processos poderão ter apenas duas partes, o Inpi e o titular da patente. Como se trata, entretanto, de um reconhecimento de nulidade, a decisão ultrapassa as partes envolvidas no processo administrativo de nulidade ou na ação e tem eficácia *erga omnes*.

Na hipótese de reconhecimento incidental de nulidade, em ação penal ou ação cominatória civil movida pelo titular da patente contra alegado contrafator, tal reconhecimento induzirá à absolvição do réu ou improcedência da ação civil, porém não gera o reconhecimento da nulidade com efeitos *erga omnes*, o que só é possível por meio da ação própria (de nulidade). Nesse sentido dispõe o art. 205, da LPI: "poderá constituir matéria de defesa na ação penal a alegação de nulidade da patente ou registro em que a ação se fundar.

---

[4] Em caso apreciado pelo Tribunal de Justiça do Estado do Rio de Janeiro, foi decidido que o pedido de restituição de *royalties* pagos a titular de patente nula era improcedente, uma vez que o contrato de licença de patente continha cláusula expressa informando o licenciado sobre os processos judiciais e administrativos de contestação de validade da patente. 2ª Câm. Cív., AC 26.962, rel. Des. Penalva Santos, *DOU*-III 12.04.84, p.63.

A absolvição do réu, entretanto, não importará a nulidade da patente ou do registro, que só poderá ser demandada pela ação competente".

• *Quanto a sua extensão*

A nulidade, quanto a sua extensão, pode ser total ou parcial. Há casos em que a nulidade atinge só uma ou algumas das reivindicações da patente, e as demais permanecem válidas. Efetivamente, em determinadas patentes, existem reivindicações independentes nas quais a nulidade de uma ou alguma das reivindicações não induz obrigatoriamente à nulidade de toda a patente.

Dispõe o art. 47, da LPI: "A nulidade poderá não incidir sobre todas as reivindicações, sendo condição para a nulidade parcial o fato de as reivindicações subsistentes constituírem matéria patenteável por si mesmas". Essa já era a regra no direito anterior.[5] Assim, o título pode estar eivado de nulidade, em sua totalidade ou somente em parte. No caso de nulidade parcial, subsistirão as reivindicações que não estiverem viciadas.

Nesse sentido, Gama Cerqueira lembrava, sob a égide do Código de 1945, que:

> A nulidade da patente pode ser total ou parcial, incidindo sobre todos os pontos característicos da invenção ou sobre alguns deles [...] Pode o inventor, por exemplo, reivindicar, como característico da invenção, elementos já caídos em domínio público, e, portanto, não suscetíveis de privilégio. Nesse caso, a nulidade atinge parcialmente a patente, subsistindo os demais característicos considerados novos. (21, p.499)

Nossos tribunais já haviam reconhecido a possibilidade de nulidade parcial, como, por exemplo, o acórdão proferido na Ap. 89.02.04176-0, pela 1ª Turma do Tribunal Regional Federal da 2ª Região, relatado pelo Desembargador Federal Clélio Erthal.

Na atual LPI, o legislador teve o cuidado de ressaltar que somente subsistirão as reivindicações não afetadas pela nulidade, se elas constituírem, em si mesmas, matéria patenteável. Há de estar presente certa independência entre as reivindicações para que as remanescentes possam existir *per se*.

[5] Art. 55, parágrafo único, da Lei n. 5.772/71.

Pode a patente, por exemplo, versar sobre um determinado dispositivo industrial e seu processo de utilização. A patente poderá ser válida para o dispositivo e inválida para o processo, ou vice-versa. Pode haver uma patente, por outro lado, que abranja o processo de obtenção de um produto químico e o produto em si, em sua aplicação. Nesse caso, poderão ser inválidas as reivindicações referentes ao produto, permanecendo válida a proteção do processo de obtenção.

• *Quanto à responsabilidade do Inpi face à nulidade*

É necessária a investigação pertinente à posição do Inpi diante de patente nula, por ele concedida, dentro dos estreitos limites dos objetivos do trabalho. Essa é mais uma das matérias constantes deste trabalho da qual só é possível uma breve menção, sem maiores aprofundamentos.

Observa-se que, como ressalta Gama Cerqueira (21, p.497), com base nos ensinamentos de Bonnet, o Inpi não se responsabiliza pela validade da patente concedida, apesar de realizar exame prévio de forma e mérito sobre o pedido de patente. O art. 21, § 2º, do Código da Propriedade Industrial de 1971, dispunha que:

> Da patente deverão constar o número respectivo, nome, nacionalidade, profissão e domicílio do inventor, do seu sucessor ou cessionário, se houver, o título e natureza do privilégio e o prazo de sua duração, bem como, quando for o caso, a prioridade estrangeira, se comprovada, *ressalvando-se* os direitos de terceiros e a *responsabilidade do Governo quanto à novidade e à utilidade* [grifos do autor], contendo ainda as reivindicações e os desenhos.

O legislador de 1971, portanto, teve a preocupação de ressalvar a responsabilidade do Estado, ou do órgão responsável pela expedição da patente, no caso o Inpi, quanto à eventual invalidade do título. Pela leitura desse dispositivo, conclui-se que o legislador teve o cuidado de não vincular qualquer obrigação do Estado ao ato de conceder a patente. Se a patente for nula, terceiros ou seu depositante não poderão buscar qualquer tipo de responsabilização do Estado, apesar de o pedido de patente ter passado pelo crivo do Inpi. Causa estranheza que a Lei de 1996 não tenha se ocupado dessa disposição específica. O art. 39,[6] da LPI, que trata do conteúdo da carta-patente, não faz qualquer menção à ressalva de responsabilidade do Estado. É importante mencionar que a Constituição Federal, em seu art. 37, § 6º, fixa a responsabilidade dos entes estatais pelos atos de seus agentes, causadores de dano a terceiros.[7]

A situação, portanto, é a seguinte: a Constituição prevê a responsabilização dos entes estatais por seus atos, e a lei ordinária, que antes isentava o Inpi, atualmente é silente. A questão, sem dúvida, poderá ser objeto de indagação judicial, embora não tenha sido encontrada decisão alguma sobre a matéria nos anais pesquisados. O entendimento mais conservador parece ser no sentido de que o Inpi é mero verificador da presença das condições legais para concessão da patente, não podendo ser responsabilizado pelos eventuais danos causados a terceiros com a concessão de patente nula. Como afirmado, a questão mereceria aprofundamento que escapa aos limites do presente estudo.

---

[6] "Da carta-patente deverão constar o número, o título e a natureza respectivos, o nome do inventor, observado o disposto no § 4º do art. 6º, a qualificação e o domicílio do titular, o prazo de vigência, o relatório descritivo, as reivindicações e os desenhos, bem como os dados relativos à prioridade."

[7] "As pessoas jurídicas de direito público e as de direito privado prestadoras de serviços públicos responderão pelos danos que seus agentes, nessa qualidade, causarem a terceiros, assegurado o direito de regresso contra o responsável nos casos de dolo ou culpa."

CAPÍTULO VII

Procedimentos de nulidade

O reconhecimento da nulidade de qualquer ato jurídico e, da mesma forma, da patente de invenção, não é automático, devendo ser feito pelas autoridades competentes. Discute-se a mais correta nomenclatura do reconhecimento da nulidade ser a *decretação de nulidade*, no lugar de *declaração de nulidade*. Efetivamente, dispõe o art. 4º, do CPC: "O interesse do autor pode limitar-se à declaração: I – da existência ou da inexistência de relação jurídica; II – da autenticidade ou falsidade de documento." Portanto, não existe a hipótese legal de ação declaratória de validade ou invalidade de ato.

Nesse sentido, Pontes de Miranda sustentava que a expressão *declaração de nulidade* era imprópria. Defendia o festejado tratadista tratar-se de desconstituição por invalidade, esclarecendo que:

> Se a concepção romana ainda subsiste, a ação de nulidade é declaratória negativa, e o juiz profere que não existe o ato jurídico. Se outra é a concepção do direito positivo, como acontece no sistema jurídico brasileiro, a ação é constitutiva negativa; o ato jurídico foi feito, é nulo, e a sentença decreta-lhe a nulidade, empurrando-o para a inexistência. (89, p.75,79)

Não parece ser esse o entendimento mais correto. A ação de fato não é a declaratória prevista no art. 4º, do CPC; porém, a sentença que reconhece a nulidade é declaratória, como se verá oportunamente. Inexiste, inclusive, na classificação das sentenças, a sentença decretatória. Esse rigor formal, entretanto, pode ser considerado exagerado, pois as expressões *declaração de nulidade* ou *decretação de nulidade* são genericamente aceitáveis no sistema jurídico brasileiro. Por outro lado, a nulidade de uma patente de invenção pode ser reconhecida tanto administrativamente, pelo próprio Inpi, no prazo fixado pela lei; como judicialmente, através de ação própria ou de mandado de segurança.

Nulidade verificada no procedimento administrativo

A patente é outorgada pelo Inpi somente após o longo processo administrativo de exame do pedido de patente, por meio do qual são verificadas as condições legais de patenteabilidade. Nesse procedimento é cabível, também, em diversas ocasiões, a manifestação de terceiros interessados sobre eventuais irregularidades de forma ou de fundo no processo de obtenção de patente. Além disso, o depositante da patente pode ser compelido, por decisão do Inpi, por exemplo, a restringir o escopo de seu pedido de patente, a adaptá-lo ou a corrigi-lo.

A despeito desse longo e complexo procedimento, poderá haver falha na decisão do Inpi e ser concedida patente para invenção que não preencha os requisitos legais. Nessa hipótese, qualquer interessado e o próprio Inpi poderão pleitear a nulidade da patente, pela via administrativa.

O processo administrativo de nulidade de patente assume, com a lei atual, uma enorme importância. É, na verdade, a única possibilidade de discordância formal de terceiros à concessão da patente, na fase administrativa. A lei anterior previa a possibilidade de apresentação de oposição contra o pedido de patente, após a publicação do pedido de exame. Em seguida, se deferida a patente, havia ainda a possibilidade de recurso contra o deferimento, ao presidente do Inpi. E, por fim, previa a lei ab-rogada o procedimento de cancelamento administrativo, após a concessão da patente, de cuja decisão cabia ainda recurso ao ministro.

Havia, assim, quatro possibilidades diferentes de manifestação formal de terceiros na esfera administrativa: oposição, recurso contra o deferimento, cancelamento e recurso ao ministro. A fim de agilizar o processamento e exame dos pedidos de patente, o legislador preferiu suprimir diversas dessas etapas, o que, certamente, é benéfico. Melhor uma má decisão, da qual se pode pleitear a nulidade, do que a falta de decisão.

De qualquer forma, pela lei atual, apesar de não haver um procedimento formal de oposição, terceiros interessados poderão apresentar documentos e informações para subsidiarem a decisão do Inpi, durante todo o exame do pedido de patente, nos termos do art. 31. Assim, um terceiro, apesar de não poder formalmente se opor à concessão da patente, poderá apresentar ao examinador do Inpi os documentos e informações relativas ao pedido de patente sob julgamento e, é claro, suas razões e argumentos. No entanto, essa apresentação de subsídios não se equipara a um procedimento formal de oposição, portanto, o terceiro, contrário à concessão da patente, só poderá manifestar-se formalmente, através do procedimento administrativo de nulidade; por isso sua enorme importância.

Dispõe o art. 50, da Lei n. 9.279/96:

> Art. 50. A nulidade da patente será declarada administrativamente quando:
>
> I – não tiver sido atendido qualquer dos requisitos legais;
>
> II – o relatório e as reivindicações não atenderem ao disposto nos arts. 24 e 25, respectivamente;
>
> III – o objeto da patente se estenda além do conteúdo do pedido originalmente depositado; ou
>
> IV – no seu processamento, tiver sido omitida qualquer das formalidades essenciais, indispensáveis à concessão.

De uma forma mais genérica, dispõe o art. 46 que a patente será nula se concedida contrariando as disposições da lei. Ora, o procedimento administrativo de nulidade deveria ser baseado sempre nesse artigo. Não há que se falar em nulidade sem a aplicação do art. 46. Bastaria o legislador ter previsto o procedimento administrativo de nulidade, sem delimitar os casos de cabimento com os quatro incisos. Dar-se-ia provimento ao procedimento de nulidade administrativa, desde que houvesse infração ao art. 46, ou seja, desde que a patente fosse nula.

A presença do art. 50 poderia ser interpretada de duas formas: o legislador restringiu os casos de declaração de nulidade pela via administrativa, determinando que somente nas hipóteses do art. 50 tal procedimento será cabível; ou o legislador pretendeu indicar um rol exemplificativo, esclarecendo a regra do art. 46, com a inserção do art. 50, o que poderá ser objeto de dúvidas.

Parece claro que toda e qualquer nulidade poderá ser apreciada pela via administrativa. Primeiro, por não haver qualquer razão de ordem lógica ou jurídica para se restringir o procedimento administrativo de nulidade. Por outro lado, o inc. I do art. 50 é de tal forma genérico que só pode ser interpretado como abrangendo todos os casos de nulidade, pois determina ser cabível o procedimento administrativo na hipótese de a patente não ter atendido qualquer dos requisitos legais.

Além de desnecessários, os demais incisos do art. 50 são redundantes: o inc. I prevê que será declarada a nulidade quando "não tiver sido atendido qualquer dos requisitos legais", ou seja, repete a regra do art. 46; o inc. II ressalta dois dos requisitos legais constantes dos arts. 24 e 25, que, não observados, implicam a nulidade da patente (a inobservância dos arts. 24 e 25 da lei já daria lugar à nulidade também com base no inc. I e no art. 46); o inc. III prevê que é nula a patente cujo objeto se estenda além do conteúdo originalmente depositado. A proteção *ultra petita* da patente é causa de nulidade, em alguns casos somente parcial, em outros, total. Esse inciso, por sua vez, também é um *bis in idem*. A patente concedida com objeto maior que o originalmente depositado infringe o art. 25, o art. 41 e, por conseqüência, já caracterizaria a nulidade conforme o art. 46, aplicando-se, ainda, os incs. I e II do art. 50. Se houver incidência do inc. IV, haverá a incidência do art. 46 e do inc. I, do art. 50.

Resumindo, o que se pretende demonstrar é que não haveria qualquer necessidade do art. 50 para o processamento da nulidade administrativa. A nulidade se dá por infração à lei, como dispõe o art. 46, sendo desnecessária qualquer regra complementar ou esclarecedora. Conclui-se que o art. 50 repete em parte o art. 46, com o objetivo de esclarecê-lo, correndo, porém, o risco de gerar uma incorreta interpretação restritiva. De qualquer maneira, todos os casos de nulidade, portanto, podem ser objeto de procedimento e declaração pela via administrativa.

O rito processual administrativo

A legitimidade ativa para a instauração do processo administrativo de nulidade é regulada pelo art. 51, *caput*: "O processo de nulidade poderá ser

instaurado de ofício ou mediante requerimento de qualquer pessoa com legítimo interesse, no prazo de seis meses contados da concessão da patente".
O procedimento de nulidade administrativa poderá, assim, ser instaurado pelo próprio Inpi, *ex officio*, como já previa a lei anterior (art. 57, da Lei n. 5.772/71), ou por qualquer interessado.

O requerente da nulidade administrativa deverá preencher o requisito do legítimo interesse. O próprio art. 168, do CC ("As nulidades dos artigos antecedentes podem ser alegadas por qualquer interessado, ou pelo Ministério Público, quando lhe couber intervir"), já dispõe que a nulidade poderá ser alegada por qualquer interessado. No mesmo sentido, o art. 3º, do CPC ("Para propor ou contestar ação é necessário ter interesse e legitimidade"), que se aplica subsidiariamente ao processo administrativo, exige interesse e legitimidade para qualquer ação.

Para se requerer a nulidade administrativa, portanto, o requerente há de preencher o requisito do legítimo interesse. No caso das patentes, podem ser vislumbradas inúmeras hipóteses de legítimo interesse. Toda e qualquer pessoa, física ou jurídica, que tenha interesse na livre utilização da invenção, concorrente do titular ou não, terá interesse na declaração de nulidade da patente que a protege.

Na França, o professor Mousseron (75, p.976) defende bastar o interesse eventual que interfira com a exploração exclusiva da invenção patenteada, para haver o requisito legal. Sustenta (*ibid.*, nota 19), também, com base nas lições dos festejados doutrinadores Casalonga e Roubier, que o próprio consumidor poderá ter interesse na nulidade da patente. Não há, na lei, dispositivo expresso que preveja a necessidade de demonstração prévia do legítimo interesse. O requerente da nulidade, entretanto, poderá ser compelido a demonstrá-lo, a qualquer momento, a requerimento do titular da patente, ou por determinação de ofício do Inpi, havendo fundada suspeita de inexistência do interesse legítimo.

É importante ressaltar que, na hipótese de processo iniciado por terceiros, não há a instauração concomitante de procedimento *ex officio* pelo Inpi. Ou seja, caso o requerente do processo administrativo de nulidade desista, o Inpi não poderá continuar tal processo *ex officio*. Poderá, entretanto, iniciar novamente o processo de nulidade administrativa, se julgar conveniente e se ainda for tempestivo, conforme o prazo previsto no art. 51.

O processo de nulidade não termina necessariamente com a extinção da patente, nos casos de caducidade, renúncia ou expiração do prazo de vigência. Dispõe o parágrafo único do art. 51: "O processo de nulidade prosseguirá ainda que extinta a patente". Como mencionado, a declaração de nulidade produz efeitos *ex tunc*, isto é, desde o depósito do pedido. Assim, é correto que se dê continuidade ao processo de nulidade, mesmo após a extinção da patente, por expiração do prazo de validade, renúncia, caducidade ou por falta de pagamento de anuidade, pois os efeitos pregressos de patente extinta (efeitos *ex nunc*) são diferentes dos relativos à patente nula (efeitos *ex tunc*).

Importante salientar a modificação no processo de nulidade administrativa ou de cancelamento administrativo de patente de invenção, que, na lei anterior, poderia ser instaurado dentro do prazo de um ano, contado da concessão do privilégio (art. 58, § 1º, da Lei n. 5.772/71), reduzindo-se, na lei atual, para seis meses, nos termos do art. 51.

A legitimidade passiva no processo administrativo é, por certo, do titular da patente. A ele cabe, se o quiser, defesa da validade de seu direito. Nesse sentido, determina o art. 52: "O titular será intimado para se manifestar no prazo de sessenta dias". Em respeito aos princípios da ampla defesa e do contraditório, o titular da patente será intimado, no processo administrativo de nulidade, por meio de publicação no órgão oficial do Inpi – Revista da Propriedade Industrial (RePro), criada como publicação oficial do Inpi pela Lei n. 5.648, de 11 de dezembro de 1970) – a manifestar-se sobre o requerimento de declaração administrativa de nulidade, dentro do prazo de sessenta dias.

Em seguida, dispõe o art. 53: "Havendo ou não manifestação, decorrido o prazo fixado no artigo anterior, o Inpi emitirá parecer, intimando o titular e o requerente para se manifestarem no prazo comum de sessenta dias". Logo, independente de ter havido a manifestação do titular, o Inpi emitirá parecer, o qual também será publicado na RePro, abrindo-se a oportunidade de nova manifestação das partes, no prazo comum de sessenta dias. Nesse ponto, há outra inovação da lei, com a instauração de um contencioso mais amplo do que o anterior, pois não havia a possibilidade de novas manifestações das partes.

O art. 54, da LPI, determina que "Decorrido o prazo fixado no artigo anterior, mesmo que não apresentadas as manifestações, o processo será decidido pelo presidente do Inpi, encerrando-se a instância administrativa". A decisão do processo de nulidade administrativa é, portanto, de competência do presidente do Inpi, o qual profere decisão terminativa da instância administrativa. A lei anterior também previa o processo administrativo de nulidade, ou cancelamento, ser de competência do presidente do Inpi; mas previa, ainda, a possibilidade de um derradeiro recurso da decisão de cancelamento, ao ministro de Estado, do ministério a que estivesse adstrito o Inpi (art. 108, da Lei n. 5.772/71) – recurso suprimido pela lei atual.

Nulidade verificada no procedimento judicial

É princípio geral de direito administrativo, elevado à norma constitucional, que todo ato administrativo é passível de revisão pelo judiciário. Trata-se do princípio do controle judicial dos atos administrativos. Bandeira de Mello conceitua tal princípio, com a clareza que lhe é peculiar:

> No direito brasileiro, ao contrário do que ocorre na maioria dos países europeus continentais, há unidade de jurisdição. Isto é, nenhuma contenda sobre direitos pode ser excluída da apreciação do Poder Judiciário, conforme o art. 5º, XXXV, da Constituição. Assim, não há órgãos jurisdicionais estranhos ao Poder Judiciário para decidir, com esta força específica, sobre as contendas entre Administração e administrados. (68, p.90)

Trata-se de regra básica de funcionamento do estado de direito, com o objetivo de proteger o cidadão dos erros e abusos do Poder Executivo. Nesse sentido, dispõe o art. 5º, XXXV, da CF, conforme ressaltado por nosso festejado administrativista: "a lei não excluirá da apreciação do Poder Judiciário lesão ou ameaça a direito". Conclui-se, portanto, que, mesmo se inexistisse previsão legal específica, os atos de concessão ou denegação de patente estariam sujeitos à revisão judicial.

Na espécie, a ação de nulidade vem expressamente regrada na Lei n. 9.279/96, dispondo o art. 56,[1] *caput*: "A ação de nulidade poderá ser proposta a qualquer tempo da vigência da patente, pelo Inpi ou por qualquer pessoa

[1] O processo judicial de nulidade estava previsto na lei anterior, por coincidência, também no art. 56: "Ressalvado o disposto no art. 58, a argüição de nulidade só será apreciada judicialmente, podendo a competente ação ser proposta em qualquer tempo de vigência do privilégio". Já o art. 57: "São competentes para promover a ação de nulidade o Instituto Nacional da Propriedade Industrial ou qualquer pessoa com legítimo interesse".

com legítimo interesse". Por a patente conferir a seu titular a propriedade temporária e a exclusividade de exploração da invenção, poderá haver interesse, durante a vigência do direito, de ver declarada a nulidade da patente. A ação de nulidade ou anulatória de marcas, ao contrário, tem prazo determinado para sua propositura, de cinco anos, contados da concessão do registro (art. 174).

Comentando o Código de 1945 (Decreto-lei n. 7.903/45), Waldemar Ferreira lecionava que a ação de nulidade só poderia ser proposta durante a vigência do privilégio:

> Não marcou o Código o prazo prescricional de tal ação (nulidade). É o comum. Pode ela, por isso, ser intentada enquanto perdure o privilégio. Custa admitir a teoria que a consente ainda depois de extinta a patente pelo termo de sua vigência, a despeito de apadrinhada por autoridades do porte de J. X. Carvalho de Mendonça e Agostino Ramella, com os quais João da Gama Cerqueira se pôs de acordo. (40, p.568)

Gama Cerqueira, por sua vez, defendia que a ação prescreve no prazo máximo do CC:

> A ação de nulidade das patentes de invenção prescreve em trinta anos [atualmente, o prazo máximo de prescrição previsto pelo Código Civil é de dez anos, nos termos do art. 205], por se tratar de nulidade de pleno direito e não fixar a lei outro prazo para o seu exercício. Pode, pois, a ação ser promovida enquanto o privilégio estiver em vigor e ainda depois de sua extinção. (21, p.532)

No mesmo sentido, Carvalho de Mendonça (71, p.177):

> A ação pode ser proposta enquanto vigorar o privilégio e, ainda, depois de sua caducidade. Nesse último caso, não é sem interesse a decretação da nulidade, em virtude da retroatividade, o que pode convir ao autor, a fim de paralisar a ação penal ou a cível de indenização.

O mestre Carvalho de Mendonça utiliza a expressão *caducidade* com sentido de extinção do privilégio.

Nesse diapasão, o extinto Tribunal Federal de Recursos já havia julgado que a patente pode ser declarada nula, mesmo após sua expiração:[2] "Embora já expirado o prazo de vigência da patente, pode a sentença declarar a sua nulidade, negando efeito às pretensões dela irradiadas".

Em sentido contrário, Douglas Gabriel Domingues (33, p.329), ao comentar o Código de 1971, com disposição idêntica à atual, ressalta que os mestres Pontes de Miranda, Carvalho de Mendonça e Gama Cerqueira defendiam a prescrição do art. 177, do CC de 1916 (correspondente ao art. 205, do Código vigente), por estarem comentando o Código da Propriedade Industrial de 1945. Considerando que a lei atual (regra da lei de 1971, repetida em 1996) restringe a propositura da ação de nulidade ao tempo de vigência do privilégio, entende Domingues que ela não poderá ser proposta uma vez expirado o prazo de vigência da patente.

Não parece ser esse o melhor entendimento. Efetivamente, vislumbra-se a possibilidade de interesse de terceiros em ver declarada a nulidade de patente, mesmo após o término de sua vigência, acompanhando Gama Cerqueira e Carvalho de Mendonça (tais doutrinadores comentavam a lei de 1945), como se desenvolverá em seguida.

A declaração de nulidade tem efeitos diferentes da mera expiração do prazo de validade da patente, pois aquela gera efeitos *ex tunc*, como se a patente nunca tivesse existido. Portanto, haverá casos em que terceiros terão interesse jurídico na decretação da nulidade, mesmo após a expiração da patente.[3]

---

[2] 4ª T., Ap. 59.078-RJ, rel. Min. Carlos Madeira, j. 28.05.1980, *DJ* 01.07.1980, p.5.006. No texto do voto, o relator esclareceu que: "Certa é, também, a afirmação de que a exaustão do prazo de vigência da patente não impede a declaração de sua nulidade. Se a pretensão das autoras era impedir a fabricação e a venda, pela ré, de dispositivos patenteados, com a conseqüente composição de perdas e danos, e se a validade da patente foi contestada, cumpria ao juiz apreciar antes de tudo esta validade. Se favorável às autoras a decisão, caberia as perdas e danos pleiteadas; caso contrário, prejudicada estaria a pretensão. O que a sentença apreciou foram fatos ocorridos no mundo jurídico entre 1954 e 1971, pouca importância tendo que ela date de 1978. Só naquele lapso de tempo poderia existir a pretensão das autoras de um lado, e a possível ilicitude da ré, de outro. A sentença, assim, tem eficácia constitutiva negativa *ex tunc*, mas não a de mandamento, porque o prazo da patente já se expirara".

[3] Além da Ap. 59.078-RJ, citada, *vide* TFR, 3ª T., Ap. 47.123-SP, rel. Min. Carlos Mario Velloso, *DJU* 26.09.79, v.u. p.7.167. Em sentido oposto, TFR, 4ª T., Ap. 82.352-SP, rel. Min. Armando Rolemberg, *DJU* 02.02.84, p.572. Neste último caso, a ementa não nos dá os detalhes para completa compreensão do caso, porém o melhor entendimento é no sentido de que, mesmo com a expiração da patente, permanece o interesse na declaração da nulidade, pois esta gera efeitos diferentes do simples decurso do prazo da patente. No caso, não se estava pedindo perdas e danos naquela ação, porém, mesmo esgotada a vigência da patente, seu titular poderia reivindicar perdas e danos, em outra ação, o que não poderia ser feito se a patente tivesse sido declarada nula.

Existem, assim, as seguintes hipóteses de prazos para a alegação de nulidade:

- a patente concedida está vigente; não há dúvida sobre a existência de interesse na declaração de nulidade, por parte de concorrentes, inventores da mesma área ou afins, partícipes da cadeia mercadológica, consumidores etc., visando à extinção da exclusividade de exploração da invenção, conferida pela patente;
- a patente já expirou e o titular está acionando contrafatores, pelo período passado de violação; nos termos do § 1º, do art. 56, da Lei n. 9.279/96, "a nulidade da patente poderá ser argüida, a qualquer tempo, como matéria de defesa". É óbvio o interesse da parte que está sendo acionada por contrafação de patente em ver declarada sua nulidade a qualquer tempo.
- a patente já expirou e o titular não está acionando ou ameaçando ninguém por eventual violação passada; qualquer interessado pode promover a ação de nulidade, para ver declarado que, mesmo no passado, e apesar da inércia do titular, não houve violação de direitos. O interesse, nesse caso, seria de prevenir futura ação penal de contrafação de patente ou ação civil de perdas e danos, por parte do titular da patente.[4]

Indaga-se, entretanto, até quando, após a expiração da patente, haveria a possibilidade de interposição de ação de nulidade. Como visto, Gama Cerqueira, comentando a lei de 1945, sustentava que o prazo de prescrição da ação de nulidade seria o prazo máximo do CC, para as ações pessoais, atualmente dez anos, contados da concessão da patente (ato que se pretende declarar nulo). Do ponto de vista prático, no CC em vigor, para as ações fundadas em direito real, o limite temporal de efetivo interesse para a propositura de ação de nulidade, após a expiração da patente, será o prazo de três anos.

A situação posta é a seguinte: se a patente já expirou, seu objeto é de domínio público e todos podem explorar a invenção. Se, porém, um terceiro vinha explorando a invenção, ainda ao tempo que estava patenteada, corre

[4] Os crimes contra as patentes estão previstos nos arts. 183 a 186 da LPI; e, quanto às ações cíveis, dispõe o art. 207 que: "Independentemente da ação criminal, o prejudicado poderá intentar as ações cíveis que considerar cabíveis na forma do Código de Processo Civil".

o risco de ser acionado pelo titular da patente, pelo período de violação passado, por crime de violação de patente (arts. 183 a 186, da Lei n. 9.279/96) ou para obtenção de indenização.

A ação penal prescreve em dois anos, contados do dia em que o crime se consumou; ou, nos crimes permanentes, no dia em que cessou a permanência, nos termos dos art. 107, IV,[5] 109, VI[6] e 111, I e III,[7] do CP. Com a expiração da patente, cessou a prática de crime. Passados, assim, dois anos da expiração da patente, é impossível a instauração ou prosseguimento de ação penal.

No caso da ação civil de indenização, o art. 206, § 3º, V, do CC fixa a prescrição em três anos para os casos de dano ao direito de propriedade.[8] Após a expiração da patente, portanto, o prazo máximo para o ajuizamento da ação de nulidade é de três anos. Passados os três anos, apesar de a ação ainda não estar prescrita, o autor terá perdido o interesse de agir, posto não haver indenização possível. Se a patente expirou há três anos, o eventual contrafator já cessou a violação ao direito do titular da patente há, pelo menos, três anos, pois, após a expiração da patente, a exploração da invenção por qualquer terceiro é lícita. Portanto, se o titular da patente expirada estiver inerte, passados três anos da expiração do título, não haverá a possibilidade de ser instaurada ação de nulidade, por parte de terceiros, por falta de interesse de ver declarada tal nulidade.

O processo judicial de nulidade está regrado nos arts. 56 e 57, da Lei n. 9.279/96:

> Art. 56. A ação de nulidade poderá ser proposta a qualquer tempo da vigência da patente, pelo Inpi ou por qualquer pessoa com legítimo interesse.
> § 1º A nulidade da patente poderá ser argüida, a qualquer tempo, como matéria de defesa.

---

[5] "Extingue-se a punibilidade: [...] IV – pela prescrição, decadência ou perempção."

[6] "A prescrição, antes de transitar em julgado a sentença final, salvo o disposto nos §§ 1º e 2º do art. 110 deste Código, regula-se pelo máximo da pena privativa de liberdade cominada ao crime, verificando-se: [...] VI – em dois anos, se o máximo da pena é inferior a um ano."

[7] "A prescrição, antes de transitar em julgado a sentença final, começa a correr: I – do dia em que o crime se consumou; [...] III – nos crimes permanentes, do dia em que cessou a permanência."

[8] Diferentemente do que dispunha o CC de 1916, em seu art. 178: "Prescreve: [...] § 10. Em cinco anos: [...] IX – a ação por ofensa ou dano causados ao direito de propriedade, contado o prazo da data em que se deu a mesma ofensa ou dano".

> § 2º O juiz poderá, preventiva ou incidentalmente, determinar a suspensão dos efeitos da patente, atendidos os requisitos processuais próprios.
> Art. 57. A ação de nulidade de patente será ajuizada no foro da Justiça Federal e o Inpi, quando não for autor, intervirá no feito.
> § 1º O prazo para resposta do réu titular da patente será de sessenta dias.
> § 2º Transitada em julgado a decisão da ação de nulidade, o Inpi publicará anotação, para ciência de terceiros.

Quanto à legitimidade, a ação de nulidade é movida pelo interessado na declaração de nulidade, contra o titular da patente, com a interveniência do Inpi. É possível o próprio Inpi ser o autor da ação. Como responsável pela concessão de patentes, o Inpi, ao tomar conhecimento de um ato de concessão incorreto ou ilegal, poderá, *ex officio*, propor a ação de nulidade, dispondo de um prazo de seis meses para iniciar o procedimento administrativo de nulidade, se entender conveniente, o qual será decidido pelo próprio órgão, nos termos do art. 51, da LPI. É, portanto, pressuposto lógico o Inpi só ingressar com ação judicial de nulidade se não for mais tempestivo o procedimento administrativo.

Se o autor não for o Inpi, será necessário que o autor detenha legítimo interesse. Como visto, para a instauração de processo administrativo de nulidade é necessária a presença de legítimo interesse, nos termos da regra geral do art. 3º, do CPC. No mesmo sentido, para a propositura de ação de nulidade, é necessário o interesse dentro do conceito amplo visto anteriormente.[9]

Como também já visto no estudo do processo administrativo de nulidade, também na ação judicial de nulidade, a legitimidade passiva é do titular da patente, detentor do direito que se pretende ver declarado nulo ou desconstituído. O Inpi será sempre parte nessa ação, integrando qualquer um dos dois pólos, pois se trata de declaração de nulidade de ato administrativo por ele praticado. No caso de o Inpi não ser o autor da ação, muito se discutiu acerca de qual seria sua correta posição no feito, se réu ou assistente, e, nesta última hipótese, se assistente simples ou litisconsorcial.

---

[9] Em determinadas ocasiões, nossos tribunais decretaram a ausência de legitimidade do autor da ação. Por exemplo: TFR, Ap. 23.643, rel. Min. Godoy Ilha, *DJU* 05.10.1970, v.u., p.4.622; TFR, 5ª T., Ap. 52.277, rel. Min. Pedro Acioli, *DJU* 12.02.82, v.u., p.7.556; TRF – 3ª Região, 5ª T., Ap. 658.660, rel. J. Suzana Camargo, *DJU* 10.09.2002.

A autarquia defendia que sua posição era de assistente, ao lado do autor ou do réu; pois o Inpi, às vezes, revendo o ato praticado, concorda com o autor, assumindo posição contrária à do réu. A grande preocupação do Inpi, ao que parece, era evitar a condenação nos ônus da sucumbência. Conclui-se, ao contrário do entendimento do órgão, que sua posição é de réu. O autor da ação de nulidade está atacando a validade do direito do titular da patente e também do ato de concessão da patente, praticado pelo Inpi. A administração pública responde por seus atos, como parte.

O fato de o Inpi, por vezes, concordar com o autor, em nada altera sua caracterização como parte. Está expressamente previsto no CPC (art. 269, II) que o réu pode reconhecer a procedência do pedido do autor. E, no caso do Inpi, se presente a nulidade, é obrigatório e bem-vindo que o Inpi reconheça seu erro, sem que tal fato altere seu enquadramento como parte.

O extinto Tribunal Federal de Recursos foi chamado a manifestar-se sobre a questão em ocasiões diversas, tendo proferido decisões em ambos os sentidos, ou seja, reconhecendo a posição do Inpi ora como réu, ora como assistente.[10]

Com a extinção do Tribunal Federal de Recursos, a questão passou para o exame dos Tribunais Regionais Federais, cujo entendimento majoritário tem sido no sentido de o Inpi ser parte, ou seja, réu, litisconsorte passivo necessário unitário[11] do titular da patente, e não mero assistente,[12] apesar de julgados em sentido contrário.[13]

---

[10] Por exemplo, entendendo que o Inpi é réu: TFR, AR 1.170-RJ, rel. Min. Pedro Acioli; TFR, 6ª T., AI 43.495-RJ, rel. Min. Antônio Torreão Braz, v.u.; TFR, 4ª T., AI 51.059-SP, rel. Min. Armando Rolemberg, j. 13.04.1987, v.u., 20.08.1987. Em sentido contrário: TFR, 6ª T., Ap. 106.509-RJ, rel. Min. Eduardo Ribeiro; TFR, 6ª T., Ap. 73.690-RJ, rel. Min. Américo Luz, j. 16.08.1982, *DJ* 30.09.1982. (LEX/JTFR 14/135).

[11] A presença do Inpi é obrigatória, sob pena de nulidade da sentença, caracterizando o litisconsórcio necessário. Este pode ser simples ou unitário, o qual é definido no art. 47, do CPC: o juiz tem de decidir a lide de modo uniforme para todas as partes. Cândido Rangel Dinamarco (30, p.133) define que: "Pressuposto que em dado processo se tenha já formado um litisconsórcio, estando na relação processual dois ou mais autores ou réus, se este litisconsórcio for unitário não poderá cada um daqueles ou destes ter sorte diferente da dos demais, quando o mérito for julgado". Arruda Alvim (5, p.54) esclarece que se dá o litisconsórcio necessário unitário quando a decisão for obrigatoriamente uniforme para as partes litisconsorciadas, no sentido de que a ação será julgada procedente para todos ou improcedente para todos. Ressalte-se que, apesar de a sentença ser obrigatoriamente uniforme, ou seja, declara ou não a nulidade, as conseqüências da declaração de nulidade são diferentes para o titular da patente e para o Inpi. Por um lado, afetará o direito do titular da patente e, por outro, desconstituirá ato do Inpi e dará comando ao Inpi, para cancelamento do título.

[12] Decisões no sentido de o Inpi ser parte. Observe-se que, em alguns casos, trata-se de nulidade de registro de marca e não de patente, mas o enquadramento processual do Inpi é o mesmo para ambos os casos: TRF-2ª Região, 3ª T., Ap. 89.02.09907-5-RJ, rel. Juiz Arnaldo Lima, j. 26.03.1996, 03.09.1996; TRF-2ª Região, 2ª T., Ap. 90.02.13637-4-RJ, rel. Des. Castro Aguiar, j. 23.04.1996, *DJU* 29.08.1996, p.62.691; TRF-2ª

É interessante mencionar que, na França, o Inpi não integra a relação jurídico-processual de declaração de nulidade da patente. Entendeu o legislador que, em respeito ao princípio da separação dos poderes – executivo (Inpi) e judiciário –, e considerando que a opinião técnica do Inpi poderia influenciar indevidamente o juiz, não é conveniente a participação do Inpi no feito (75, p.979). A lei prevê, entretanto, a possibilidade de intervenção do Ministério Público, que poderá solicitar informações ao Inpi.

Tal regra do direito francês induz a uma importante reflexão. Parece claro, no sistema pátrio, a participação do Inpi ser obrigatória e muito relevante. É importante, porém, o juiz estar convencido de que o posicionamento técnico do Inpi será esclarecedor. Poderá, entretanto, estar incorreto, devendo ser valorado com a subjetividade inerente a qualquer das outras partes.

Considerando que o Inpi é uma autarquia federal, nos termos da lei (5.648, de 11 de dezembro de 1970) que o criou, é a Justiça Federal competente para processar e julgar os feitos nos quais ele for parte. Trata-se de competência fixada em razão da pessoa, por disposição constitucional, do art. 109, I.[14] É impossível, portanto, qualquer questionamento quanto à competência da Justiça Federal.

Uma vez fixada a competência da Justiça Federal, é importante examinar o foro competente. A ação de nulidade de patente é movida contra o ti-

---

Região, 4ª T., AI 91.02.08324-8, rel. Des. Célia Georgakópoulos, j. 13.12.1995, DJU 16.04.1996, p.24.326; TRF-2ª Região, 1ª T., Ap. 90.02.22647-0-RJ, rel. Des. Chalu Barbosa, j. 29.11.1995, DJU 04.04.1996, p.21.539; TRF-2ª Região, 1ª T., Ap. 91.02.17425-1-RJ, rel. Des. Clélio Erthal, j. 27.04.1992, DJU 02.07.1992, p.20.083; TRF-2ª Região, 1ª T., AI 91.02.17493-6-RJ, rel. Des. Tânia Heine, 27.11.1991, DJU 26.12.1991, p.33.284; TRF-2ª Região, 1ª T., AI 91.02.04347-5-RJ, rel. Des. Frederico Gueiros, DJU 16.07.1992, p.21.191; TRF-2ª Região, 1ª T., Ap. 93.02.03679-0-RJ, rel. Des. Clélio Erthal, j. 07.03.1994, DJU 19.04.1994, p.17.003; remessa *ex officio* em TRF-2ª Região, 2ª T., Ap. 23161-4, rel. Des. Fed. Castro Aguiar, j. 14.11.2001; TRF-2ª Região, 6ª T., Ap. 91.02.07340-4, rel. Des. André Fontes, j. 28.08.2002, 27.09.2002; TRF-2ª Região, 5ª T., AI 5.680, rel. Des. Fed. Tânia Heine, DJU 08.02.2000.

13 Decisões no sentido de o Inpi ser assistente: TRF-2ª Região, 3ª T., Ap. 92.02.16454-1-RJ, rel. Juiz Ricardo Regueira, j. 14.09.1993, DJU 12.07.1994, p.37.427; TRF-2ª Região, 3ª T., Ap. 90.02.06178-1-RJ, rel. Des. Fed. Paulo Freitas Barata, j. 02.03.1994, v.u., DJU-*II* 19.05.1994, p.23.826; TRF-2ª Região, 1ª T., Ap. 94.02.11425-4-RJ, rel. Juiz Júlio Cezar Martins, DJU 29.09.1994, p.55.316; TRF-2ª Região, 3ª T., Ap. 90.02.15864-5-RJ, rel. Juiz Celso Gabriel Rezende Passos, j. 06.11.1991, v.u., DJU-*II* 20.02.1992, p.3.317, onde o Tribunal afirmou que tanto faz (*sic*) se a posição do Inpi é de litisconsorte ou assistente; TRF-2ª Região, 3ª T., Ap. 90.02.20666-6, rel. Valmir Peçanha, DJ 23.06.1998; TRF-4ª Região, 4ª T., AI 1999.04.013433-1, rel. José Luiz B. Germano da Silva, DJ 30.06.99.

14 "Aos juízes federais compete processar e julgar: I – as causas em que a União, entidade autárquica ou empresa pública federal forem interessadas na condição de autoras, rés, assistentes ou oponentes, exceto as de falência, as de acidentes de trabalho e as sujeitas à Justiça Eleitoral e à Justiça do Trabalho;"

tular da patente e o Inpi. A regra geral do CPC determina que a competência territorial é fixada pelo domicílio do réu, nos termos de seu art. 94, *caput*: "A ação fundada em direito pessoal e a ação fundada em direito real sobre bens móveis serão propostas, em regra, no foro do domicílio do réu". Trata-se de ação para desconstituir direito real sobre bem móvel, portanto, a ser proposta no foro do domicílio do réu.

Uma vez que há pelo menos dois réus – o Inpi e o titular da patente –, a ação poderá ser proposta no domicílio de qualquer um deles, nos termos do § 4º, do art. 94: "havendo dois ou mais réus, com diferentes domicílios, serão demandados no foro de qualquer deles, à escolha do autor". A ação poderá, assim, ser proposta na seção da Justiça Federal da capital do Rio de Janeiro, sede do Inpi, ou na seção competente para processar e julgar os feitos do domicílio do outro réu, titular da patente. Nesse sentido, a posição de nossas Cortes é mansa e pacífica.[15]

O procedimento da ação é comum e o rito, o ordinário. A matéria não se inclui nos casos previstos no art. 275, II, do CPC, de rito sumário, mas poderia, em princípio, enquadrar-se no rito sumário em razão do valor da causa, nos termos do mesmo art. 275, I. Ocorre que, em vista da regra especial prevista no § 1º, do art. 57, da Lei n. 9.279/96, o prazo para a contestação da ação de nulidade é de sessenta dias, assim modificando, parcialmente, o CPC.

Em vista desse prazo especial de contestação, não é possível vislumbrar a adoção do rito sumário que, por suas celeridade e particularidades,[16] não se coaduna com o exame das eventuais causas de nulidade, na ação de nulidade.

---

[15] Por exemplo, ainda no extinto Tribunal Federal de Recursos: 6ª T., AI 48.546-SP, rel. Min. Carlos Velloso, *DJU* 03.04.1986; 4ª T., AI 47.418-SP, rel. Min. Armando Rolemberg, *DJU* 03.04.1986; 4ª T., AI 48.545-SP, rel. Min. Ilmar Galvão, *DJU* 13.03.1986; 3ª T., AI 48.391-SP, rel. Min. Antônio de Pádua Ribeiro, *DJU* 06.02.1986; 4ª T., AI 47.554-SP, rel. Min. Carlos Velloso, *DJU* 12.09.1985; 5ª T., AI 46.138-SP, rel. Min. Geraldo Sobral. (*RTFR* 130/39). Nos Tribunais Regionais Federais: TRF-4ª Região, 1ª T., AI 90.04.17211.4-RS, rel. Juiz Hadad Viana, j. 21.05.1992, *DJU* 01.02.1994, p.19.879; TRF-2ª Região, 2ª T., rel. Des. Alberto Nogueira, j. 09.03.1994, *DJU* 14.07.1994, p.37.788; TRF 4ª Região, AI 200.04.01.126679-0, j. 24.04.2001. No STJ: 3ª T., REsp 346.628-SP, j. 13.11.2001, *DJ* 04.02.2002, p.355; 3ª T., REsp 355.273-SP, j. 21.03.2002, *DJ* 15.04.2002, p.216.

[16] No rito sumário, conforme a regra do art. 277, do CPC, o juiz deverá designar audiência em trinta dias, citando-se o réu com pelo menos dez dias de antecedência, para comparecer e apresentar contestação. Esta regra não se concilia com o prazo para contestar a ação de nulidade, que é de sessenta dias, nos termos do art. 57, § 1º, da LPI. Por outro lado, o § 5º, do art. 277, do CPC, prevê que o juiz converterá o procedimento de sumário em ordinário, se houver necessidade de prova técnica de maior complexidade, o que ocorre com bastante freqüência nas ações de nulidade de patente de invenção.

Para a prova, vale a regra geral do direito processual civil: todos os meios lícitos de prova são admitidos. Algumas vezes, para diversos tipos de nulidade, basta a prova documental, que instrui a inicial. É, entretanto, em vista da complexidade técnica do debate, necessário o juiz determinar a realização de perícia. Nossos tribunais têm, inclusive, valorizado e sugerido a realização de perícia técnica.[17]

Há de se ressaltar, entretanto, que a perícia técnica não substitui, em hipótese alguma, o convencimento do juiz. Ele pode, por exemplo, não conhecer a melhor interpretação de fórmulas químicas ou o estado da técnica referente a dispositivos industriais, porém, é obrigado a conhecer a lei e o direito de patentes, em respeito ao princípio do *iura novit curia*. Não pode o magistrado confundir os conceitos, desconhecer os requisitos de patenteabilidade, a função e extensão das reivindicações, o *due process of law* perante o Inpi. Não cabe ao perito substituir-se ao juiz na interpretação do direito, mas somente prestar os subsídios técnicos para o deslinde da questão.

A doutrina clássica classifica as sentenças em declaratórias, constitutivas e condenatórias (Cf. 5, p.366 e segs.; 99, p.30 e segs.; 49, p.237 e segs.). Declaratórias são as que declaram, unicamente, a existência ou inexistência de uma relação jurídica ou de um direito. Já a sentença constitutiva cria, extingue ou modifica uma relação jurídica preexistente. Por sua vez, a sentença condenatória fixa uma prestação ou uma sanção. O professor Arruda Alvim (5, p.369-70) acrescenta, ainda, a sentença mandamental, que envolve a ordem ou mandamento, para fazer ou deixar de fazer algo, geralmente endereçada a um órgão do Estado.

Vista a resumida classificação, verifica-se que a sentença que decreta a nulidade total ou parcial da patente há de ser classificada como declaratória, pois apenas reconhece ou declara a nulidade de pleno direito.[18] Em sentido diverso, a opinião de Pontes de Miranda (89, p.75,79), que defendia tratar-se de sentença constitutiva negativa.

---

[17] Por exemplo: TRF-2ª Região, 1ª T., Ap. 92.02.06505-5-RJ, rel. Des. Clélio Erthal, DJU 05.10.1993; TRF-2ª Região, 3ª T., Ap. 90.02.12567-4-RJ, rel. Des. Arnaldo Lima, j. 25.06.1990, DJU 28.08.1990; TFR, Ap. 114.494-RJ, rel. Min. Geraldo Sobral, j. 05.08.1987, DJU 22.10.1987; STF, 1ª T., RE 93.843-5, rel. Min. Soarez Muñoz, j. 17.03.1981, DJU 03.04.1981.

[18] Nos casos de anulação, é certo que a sentença é constitutiva negativa, pois extingue uma relação pré-existente. Nos casos de nulidade não há extinção da relação, mas apenas reconhecimento de sua invalidade.

Seguindo a classificação mais moderna, a sentença será também mandamental, em relação ao Inpi, pois determina o cancelamento da patente nos registros da autarquia e a publicação deste ato, na Repro. Trata-se, ainda, de sentença geradora de efeitos *ex tunc*, pois reconhece a nulidade absoluta, a qual não pode produzir efeito algum no mundo jurídico.

Por fim, a declaração de nulidade produz efeitos *erga omnes*. Pontes de Miranda leciona que, decretar a nulidade da patente, por se tratar de sentença constitutiva, gera um efeito que abrange toda a coletividade e não só as partes envolvidas. Uma vez decretada a nulidade da patente, seu objeto é de domínio público, podendo a invenção ser explorada livre e licitamente por qualquer interessado e não somente pelo autor da ação de nulidade:

> A sentença que decreta a nulidade tem eficácia contra todos. Trata-se de sentença constitutiva negativa. A sentença que julga improcedente a ação de nulidade é declaratória e só tem eficácia entre as partes, a propósito do ponto ou fundamento que foi objeto do pedido. O mesmo autor pode atacar a patente por outra causa de nulidade que aquela sobre que se proferiu a sentença desfavorável. Outra pessoa pode propor a ação de nulidade com o mesmo fundamento. (89, p.388)

Nossos tribunais entendem pacificamente que a declaração de nulidade é efetivamente geradora de efeitos *erga omnes*.[19]

A Lei n. 9.279/96 trouxe uma disposição nova, de suma importância, ao determinar, no § 1º, do art. 56, que a nulidade poderá ser argüida, como matéria de defesa, a qualquer tempo. Como visto, a ação de nulidade de patente tem foro e rito próprios. Entretanto, já no direito anterior, estava prevista a possibilidade de o réu alegar a nulidade da patente, como matéria de defesa, em ação criminal, nos termos do art. 188, do Decreto-lei n. 7.903/45.[20] Nossos Tribunais entendiam que a absolvição do réu era absolutamente pertinente na ação criminal em que ficasse provada a nulidade da patente, pretensamente violada.[21]

---

[19] Por exemplo, TFR, 3ª T., Ap. 32.356-SP, v.u., rel. Min. Sebastião Reis.

[20] "Poderá constituir matéria de defesa na ação criminal a alegação de nulidade de patente ou registro em que a ação se fundar. A absolvição do réu, entretanto, não importará na nulidade da patente ou registro, que só poderá ser demandada pela ação competente". Mantido em vigor até 14.05.1997, por força do disposto no art. 128 da Lei n. 5.772/71.

[21] *RT* 368/239, 378/215, 439/411, 526/325, 621/329, JTACrimSP 46/352 e ACr 1.323.583/7 - JTACrimSP, *DJSP* 27.09.2002, p.137.

A interpretação majoritária dessa norma era que não seria cabível a alegação de nulidade, como matéria de defesa, na ação civil de contrafação (Justiça Estadual), pois o legislador havia fixado essa possibilidade somente na ação criminal. Caberia ao réu interpor a ação de nulidade na justiça competente (Federal).[22] Diversas decisões, entretanto, sobretudo do Tribunal de Justiça de São Paulo, acataram o argumento da nulidade, como matéria de defesa, em contestação de ação cominatória por contrafação.[23] Inclusive, antigo acórdão do Supremo Tribunal Federal,[24] da lavra do Ministro Philadelpho Azevedo, no qual se decidiu que o juiz cível também tem poderes para apreciar a nulidade da patente, em ação cominatória movida pelo titular da patente contra o eventual contrafator, na Justiça Estadual:

> Assim como se facultou ao juiz criminal conhecer, na defesa do infrator, de matéria relativa à validade da patente sem importar na anulação formal desta, também se deverá reconhecer a mesma faculdade ao juiz cível, embora ambos de natureza local e protegidos pelas mesmas garantias.

Nesse sentido, na vigência da lei anterior, o decano da advocacia na matéria, Waldemar Pinheiro, defendia que, tratando-se de nulidade, pode ser apreciada pelo judiciário, a qualquer tempo, em qualquer foro ou instância. Fundamenta seu entendimento, com cristalina clareza, no disposto no art. 168, do CC:

> As nulidades dos artigos antecedentes podem ser alegadas por qualquer interessado, ou pelo Ministério Público, quando lhe couber intervir.

---

[22] Por exemplo: TJSP, 4ª Câm. Civ., Ap. 7.442.1-SP, rel. Des. Campos Gouvêa, j. 31.10.1980. (LEX 69/198); TJSP, 3ª Câm. Civ., Ap. 218.995, rel. Des. Sydney Sanches, j. 22.11.1973. (RDM 17/71); STF, 2ª T., AI 24591-SP, rel. Min. Villas Boas, 09.05.1961, 31.05.1961. (*RTJ* 17/117); TJSC, 1ª Câm. Civ., Ap. 8.294, rel. Des. Alves Pedrosa, j. 20.07.1972. (*RT* 450/212); STJ, 3ª T., REsp 9.415-SP, rel. Min. Waldemar Zveiter, j. 04.06.1991, *DJU* 01.07.1991, p.9.193.

[23] Decisões declarando a nulidade da patente, alegada como matéria de defesa, em ação civil de rito ordinário: TJSP, 3ª Câm. Civ., Ap. 281.577, rel. Des. Ernani de Paiva; TJSP, 3ª Câm. Civ., Ap. 201.969, rel. Des. Costa Leite, j. 30.09.1971; TJSP, 6ª Câm. Civ., Ap. 101.817, rel. Des. Euler Bueno, j. 20.10.1960. (*RT* 323/145); TJSP, 5ª Câm. Civ., Ap. 101.997-1, rel. Des. Márcio Bonilha, j. 30.11.1989, 02.02.1990. (*RT* 650/57); TJSP, 9ª Câm. Dir. Priv., Ap. 36.782.4/00-0, j. 13.10.1998, 27.10.1998.

[24] 1ª T., RE 6.929-DF, j. 17.05.1943. (*RT* 152/332) RE 58.454-SP, rel. Min. Gonçalves de Oliveira.

> Parágrafo único. As nulidades devem ser pronunciadas pelo juiz, quando conhecer do negócio jurídico ou de seus efeitos e as encontrar provadas, não lhe sendo permitido supri-las, ainda que a requerimento das partes. (86, p.73)

Defendia Waldemar Pinheiro tratar-se não de um caso de reconvenção, mas de exceção de nulidade. Considerando que a invalidade da patente de invenção é caso de nulidade de pleno direito, é absolutamente correta a sua tese, defendendo que a nulidade pode ser alegada, como matéria de defesa, também na ação cível de contrafação, com base no art. 168 do CC.

Aliás, é indefensável conciliar a nulidade absoluta com a impossibilidade de alegá-la, como matéria de defesa, a qualquer tempo. Nesse sentido, Clóvis Beviláqua declara que:

> As nullidades de pleno direito, sendo de ordem pública, são vícios insanáveis. Qualquer interessado as pode alegar, independentemente de prova de prejuízo; o Ministério Público, representante da colletividade juridicamente organizada, quando lhe couber intervir, deve allega-las; ao juiz cabe também a obrigação de as pronunciar, quando conhecer do acto ou dos seus effeitos. São consequencias da inexistência jurídica do acto. (12, p.435)

A lei atual traz disposição idêntica à constante do art. 188, do revogado Decreto-lei n. 7.903/45, no que se refere à possibilidade de a nulidade constituir-se matéria de defesa na ação penal (art. 205). Apesar de não haver dispositivo expresso sobre tal possibilidade em eventual ação civil, o parágrafo único do art. 56 permite expressamente a alegação de nulidade, como matéria de defesa, em qualquer juízo (criminal ou civil), pois nesse dispositivo não há restrição de tempo, justiça, foro ou instância. Conclui-se, sem sombra de dúvida, que a nulidade poder ser alegada, atualmente, como matéria de defesa, também no juízo cível.

É importante ressaltar, entretanto, tratar-se de questão prejudicial. Mesmo que seja reconhecida a nulidade incidentalmente, o efeito dessa decisão só é válido entre as partes. Em outra ação de violação da mesma patente, poderá ser decidido que a patente é válida. Ademais, mesmo entre as partes, a questão prejudicial não faz coisa julgada. Se a questão, portanto, for submetida à Justiça Federal, posteriormente, pelas mesmas partes, poderá ter decisão em sentido diverso.

Em relação à suspensão dos efeitos da patente, a Lei n. 9.279/96 também inovou ao trazer disposição expressa sobre a possibilidade de o juiz determiná-la no curso da ação de nulidade. Dispõe o § 2º, do art. 56: "O juiz poderá, preventiva ou incidentalmente, determinar a suspensão dos efeitos da patente, atendidos os requisitos processuais próprios". O legislador andou na esteira da moderna tendência, seguida atualmente pelo CPC, de possibilitar a concessão de liminar no bojo de ação de procedimento ordinário.

A redação do dispositivo, no entanto, é bastante imprecisa, implicando pluralidade de interpretações. A primeira imprecisão encontra-se na utilização das expressões *preventiva* e *incidentalmente*, que levam à dúvida sobre qual a diferença pretendida pelo legislador na utilização das duas expressões. É certo que a intenção foi possibilitar a suspensão dos efeitos do registro no bojo da ação de nulidade até o momento anterior à prolação da sentença. Parece claro que, com a expressão *preventiva*, quis o legislador possibilitar a suspensão dos efeitos do registro com o já recebimento da inicial, *inaudita altera parte*.

Já a expressão *incidentalmente* permite ao juiz suspender os efeitos do registro durante o curso da ação, quando já houve manifestação do réu, até o momento anterior à prolação da sentença. Bastaria, no entanto, que tivesse sido utilizada a mesma redação do art. 173, parágrafo único, da Lei n. 9.279/96, relativa à ação de nulidade de marcas. A redação, ali, é bem mais precisa, pois foi utilizada a expressão *liminarmente*, a significar a possibilidade de suspensão dos efeitos do registro na própria ação de nulidade, antes da prolação da sentença, ou seja, no início, sem a oitiva do réu, ou no curso da ação, até o momento anterior à sentença.[25]

O legislador foi igualmente impreciso quando conferiu poderes ao juiz de suspender os efeitos do registro, "atendidos os requisitos processuais próprios". Quais são os requisitos processuais próprios? O legislador não esclareceu, cabendo ao intérprete defini-los. A decisão do juiz suspendendo os

[25] Segundo Betina Rizzato Lara (54, p.189), "a liminar configura-se numa antecipação dos efeitos externos ou secundários e, portanto, fáticos da sentença, que decorrem de uma decisão provavelmente favorável ao seu requerente". Se os efeitos do registro forem suspensos antes da prolação da sentença, ter-se-á uma liminar, sendo irrelevante o momento de sua concessão. Costumeiramente, no entanto, a liminar é deferida ou indeferida no início da ação, *inaudita altera parte*, ou logo após a defesa do réu.

efeitos do registro, certamente, é uma liminar, pois antecipa, no plano fático, os efeitos de uma sentença favorável ao autor.

Como visto anteriormente, a sentença na ação de nulidade é de natureza declaratória em relação ao titular da patente e mandamental, em relação ao Inpi. A decisão liminar de suspensão dos efeitos do registro antecipa o efeito mandamental da sentença. Em outras palavras, se procedente a ação, o Inpi irá cancelar em definitivo o registro da patente, ou seja, haverá uma suspensão definitiva do registro. Até a prolação da sentença, todavia, o juiz poderá suspender provisoriamente os efeitos do citado registro. Quanto ao caráter declaratório da sentença, não há que se falar em antecipação de seus efeitos, porquanto a declaração só pode dar-se de forma definitiva com a prolação da sentença. É impossível se declarar provisoriamente nulo o registro da patente.

Visto que a decisão de suspensão dos efeitos do registro é uma liminar, é preciso definir sua natureza, para que se possa estabelecer os requisitos próprios para a suspensão. Cabe indagar, primeiramente, se essa liminar assemelha-se àquela prevista para a ação cautelar, na qual os requisitos são o *fumus boni iuris* e o *periculum in mora*. O melhor entendimento é no sentido de não o ser: para a suspensão dos efeitos da patente, não basta ao autor a aparência do direito que, em verdade, é do réu, titular da patente. O réu aparentemente tem o direito, pois ele é o titular da patente, cuja presunção de validade lhe favorece. O autor deve trazer, com a inicial, uma prova mais robusta para convencer o juiz, no terreno da verossimilhança, de que a patente é nula e, por essa razão, é cabível a suspensão de seus efeitos.

Note-se que, todavia, anteriormente à nova lei, quando a única forma de o autor pleitear a suspensão dos efeitos da patente era através de medida cautelar, as nossas Cortes vinham sendo chamadas a se manifestar sobre esse pedido cautelar, em casos específicos, com base na legislação processual existente. Apesar de cautelosos, em diversas ocasiões os juízes concederam liminar ou cautelar para suspensão dos efeitos da patente ou registro, até a decisão final da ação principal, de nulidade da patente ou do registro.[26] Em

---

[26] Decisões favoráveis à suspensão cautelar da vigência da patente ou do registro: TFR, 3ª T., AI 40.375-SP, rel. Min. Carlos Mário Velloso, j. 31.10.1979, *DJU* 06.02.1980; TFR, 2ª Seção, Mandado de Segurança 90.432-SP, rel. Min. Miguel Ferrante, j. 17.03.1981, *DJU* 14.05.1981; TRF-2ª Região, 3ª T., AI 89.02.12246-8-RJ, rel. Juiz Rezende Passos, j. 20.11.1991; 35ª Vara Federal da Justiça Federal do Rio de Janeiro, Medida Cautelar 2001.5101536395-0, rel. Juíza Federal Ana Amélia Silveira Moreira Antoun Neto, j. 23.08.2002; TRF-2ª Região, 2ª T., AI 2002.02.01.025083-2-RJ, j. 29.08.2002.

quase todos os casos, na verdade, já havia mais do que *fumus boni iuris*, pois a liminar ou a cautela foram concedidas ante a existência de vários elementos de prova. Várias são as decisões, todavia, negando a concessão da liminar ou da cautela; algumas fundadas no argumento mencionado de a aparência do direito estar com o titular da patente.

Não tendo natureza cautelar, é possível afirmar que a suspensão dos efeitos do registro tem a natureza de uma tutela antecipada no tocante à parte mandamental da sentença.[27] A suspensão provisória dos efeitos do registro antecipa a eventual decisão de cancelamento do registro, pois, sob os efeitos da liminar, o titular da patente deixa de usufruir dos direitos dela decorrentes como se cancelado estivesse o registro. Dessa forma, os requisitos processuais próprios para o juiz suspender os efeitos do registro da patente são os mencionados no art. 273, do CPC: prova inequívoca da verossimilhança da alegação de nulidade da patente e o fundado receio de dano irreparável ou de difícil reparação.

Por fim, cumpre uma observação acerca da palavra *poderá*, utilizada pelo legislador no art. 56, § 2º, da Lei n. 9.279/96, ora em análise. Em outras situações nas quais há previsão de liminar, por exemplo, em medida cautelar e no próprio art. 273, do CPC, antes mencionado, o legislador também utiliza a expressão *poderá*. A expressão, todavia, jamais significará que o juiz possui um poder discricionário ao decidir sobre o pedido de suspensão dos efeitos do registro da patente, pois discricionariedade é o poder de escolher entre duas ou mais soluções possíveis, igualmente válidas.

Em todos os casos nos quais há na lei a previsão de concessão de uma liminar, o legislador apresenta os requisitos para sua concessão. No caso do art. 56, § 2º, da Lei n. 9.279/96, apesar de não indicá-los claramente, faz re-

---

Decisões contrárias ao provimento da cautelar ou à concessão da liminar: TRF-2ª Região, 2ª T., AI 89.02.08312-8-RJ, rel. Des. Julieta Lídia Lunz, j. 12.09.1989, *DJU* 07.11.1989; TFR, 5ª T., Ap. 79.326-RJ, rel. Min. Sebastião Alves dos Reis, j. 27.06.1983, *DJU* 18.08.1983; TFR, 2ª Seção, Mandado de Segurança 100.965-SP, rel. Min. Antônio de Pádua Ribeiro, j. 24.04.1984, *DJU* 22.06.1984; TFR, 2ª Seção, Mandado de Segurança 101.418-RJ, rel. Min. Pedro da Rocha Acioli, j. 06.09.1983, *DJU* 09.12.1983. Esta decisão, apesar de versar sobre registro de marca, faz menção expressa à patente, englobando-as no mesmo enquadramento jurídico.

[27] A esse respeito, o § 7º, do art. 273, do CPC, acrescentado pela Lei n. 10.444, de 7 de maio de 2002, que admite a fungibilidade de procedimentos: "Se o autor, a título de antecipação de tutela, requerer providência de natureza cautelar, poderá o juiz, quando presentes os respectivos pressupostos, deferir a medida cautelar em caráter incidental do processo ajuizado".

ferência a requisitos processuais próprios. Presentes, assim, esses requisitos que, como visto, são a prova inequívoca da verossimilhança da alegação e o fundado receio de dano irreparável, o juiz não tem opção entre suspender ou não os efeitos; deve fazê-lo. Se, por outro lado, estiverem ausentes os requisitos, deverá indeferir a suspensão.[28] Por não se tratar de um poder discricionário e por se caracterizar a decisão acerca da suspensão do registro da patente uma decisão interlocutória, deverá ser devidamente fundamentada, nos termos do art. 93, IX, da Constituição Federal.

Mandado de segurança

Apesar de a LPI não tratar do assunto, indaga-se se o terceiro lesado pela concessão de uma patente poderá recorrer ao remédio extremo do mandado de segurança. Nesse ponto, nos limites do tema escolhido, as intrincadas questões relativas ao mandado de segurança são tratadas superficialmente.[29]

Dispõe o art. 5º, LXIX da CF: "conceder-se-á mandado de segurança para proteger direito líquido e certo, não amparado por *habeas corpus* ou *habeas data*, quando o responsável pela ilegalidade ou abuso de poder for autoridade pública ou agente de pessoa jurídica no exercício de atribuições do Poder Público".

A Lei n. 1.533/51, reguladora do Mandado de Segurança, editada ainda sob a égide da Constituição de 1946, em seu art. 1º dispõe:

> Conceder-se-á mandado de segurança para proteger direito líquido e certo, não amparado por *habeas corpus*, sempre que, ilegalmente ou com

[28] Mais uma vez, a lição de Betina Rizzato Lara (54, p.58-9), ao tratar das liminares em geral: "O juiz não tem, segundo nosso entendimento, a discricionariedade de escolher entre conceder ou não a liminar se verificar que os pressupostos para a sua concessão estão presentes. Não há, nestes casos, aquele tipo de discricionariedade em que é facultado ao aplicador da norma agir ou omitir, tomar ou não uma medida. Ele terá sempre a obrigação de conceder a liminar se concluir pela existência dos requisitos e a obrigação de indeferi-la se estes requisitos estiverem ausentes".

[29] A matéria do mandado de segurança assume enorme relevância no estado de direito. Em um país como o Brasil, pouco acostumado à democracia, a soberba e os descalabros da administração pública, em geral, são deveras comuns. Felizmente, existe o remédio heróico constitucional. Por sua vez, o acúmulo de demandas no judiciário, sobretudo na esfera federal, inviabiliza, por vezes, a proteção constitucional do cidadão, em vista do retardo na obtenção da segurança. O tema complexo do mandado de segurança é tratado com maestria por penas ilustres: Miguel Seabra Fagundes (37), Hely Lopes Meirelles (67), José Cretella Júnior (27), Teresa Arruda Alvim Wambier (118), Celso Antônio Bandeira de Mello (68) e Celso Agrícola Barbi (10) entre outros.

> abuso do poder, alguém sofrer violação ou houver justo receio de sofrê-la por parte de autoridade, seja de que categoria for e sejam quais forem as funções que exerça.

Cretella Júnior (27, p.346) indicou as seguintes características do mandado de segurança:

- quanto à natureza, é ação;
- quanto à forma ou rito, é ação documental, dispensada a dilação probatória;
- quanto ao objeto, é instrumento que se dirige contra ato ou fato que lesa direito líquido e certo de alguém;
- quanto à proveniência, há de ser ato estatal;
- quanto ao pedido, concretiza-se em uma ordem judicial;
- quanto à legitimidade, só pode ser invocado em hipóteses de direito líquido, certo e incontestável;
- quanto ao fundamento, somente o ato eivado de ilegalidade ou abuso de poder justifica a impetração.

Os requisitos, portanto, para o cabimento de mandado de segurança são: o ato ou omissão proveniente de autoridade pública; sua ilegalidade ou seu caráter abusivo; e a agressão a direito líquido e certo do impetrante. Em vista dessas características, acredita-se que, em determinados casos, o ato de concessão de patente poderá ser atacado pela via estreita do mandado de segurança: trata-se, sem dúvida, de ato de autoridade pública – diretor de patentes ou presidente do Inpi; ilegal, se enquadrado nas hipóteses de nulidade e agressor a direito líquido e certo do impetrante, se legitimado para tanto.

Dois pontos merecem, aqui, ser ressaltados. Primeiro, a ilegalidade (nulidade) deve ser flagrante e evidenciável pela prova documental. Não cabe, na via estreita do *mandamus*, a realização de dilação probatória, por exemplo, a realização de perícia. O segundo ponto é a questão da legitimidade do impetrante – é compulsória a presença de direito líquido e certo lesado.

Indaga-se, portanto, se o ato administrativo que concede patente inválida pode violar direito líquido e certo de terceiros. Cretella Júnior lembra que:

> Não é "qualquer pessoa" que tem legitimação ativa para suscitar o controle jurisdicional de ato administrativo lesivo. Tal faculdade cabe apenas ao titular de direito líquido, certo e incontestável, ferido por ato arbitrário do poder público. O dano individual, causado ou iminente, decorrente do ato administrativo, é, pois, pressuposto indispensável, para o controle jurisdicional. Não tem cabimento, portanto, o pedido cujo objetivo é o desfazimento de ato que beneficiou outrem e cujo direito se pretendeu que não fosse reconhecido, já que a nulidade do ato não aproveita o requerente. Haveria, no caso, tão-só, "interesse" pessoal do impetrante, jamais "direito". (27, p.370)

Para justificar, portanto, o cabimento do *mandamus*, o impetrante, além de provar, de plano, que a patente é nula (ilegalidade do ato), deverá comprovar que a concessão da patente agride um direito líquido e certo seu. Somente nesses casos será possível o remédio constitucional.

A questão foi colocada diante dos Tribunais pátrios, que se manifestaram vacilantes sobre a questão, com uma tendência a julgar imprópria a via estreita do *writ*, caso não estivesse flagrantemente evidenciado de plano, tanto a ilegalidade do ato (nulidade) quanto a violação ao direito líquido e certo do impetrante.[30]

O mandado de segurança deverá ser interposto no Juízo Federal do Rio de Janeiro, contra ato do diretor de patentes ou do presidente do Inpi, dentro do prazo de 120 dias, contados da publicação da concessão da patente (art. 18, da Lei n. 1.533/51). Eventual decisão desfavorável ao impetrante não impede a interposição posterior da ação de nulidade (art. 15).

Ação reivindicatória

O regramento da ação de reivindicação de patente é mais uma importante inovação da Lei n. 9.279/96 que, em seu art. 49, dispõe: "No caso de

---

[30] Em caso específico sobre patente, o extinto Tribunal Federal de Recursos julgou que, em vista da necessidade de prova pericial que demonstrasse a nulidade da patente, por ausência da condição de novidade, era descabida a via estreita do mandado de segurança; 1ª T., MS 77.634-RJ, rel. Min. Armando Rolemberg, *DJ* 08.11.1976, p.9.643; MS 52.860-GB, rel. Min. Godoy Ilha, *DJ* 15.10.1968, p.4.182.
Aceitando, por sua vez, a via estreita do mandado de segurança para a verificação de nulidade de ato de concessão de marca, *vide*, por exemplo: TFR, MS 27.887-GB, rel. Min. Cunha Vasconcelos Filho, p.2.170; TFR, 5ª T., MS 112053, rel. Min. Geraldo Sobral, *DJ* 26.02.1987, p.2.873.

inobservância do disposto no art. 6º, o inventor poderá, alternativamente, reivindicar, em ação judicial, a adjudicação da patente". O direito anterior não previa expressamente essa possibilidade que, no entanto, já havia sido reconhecida judicialmente.[31]

O art. 6º da lei atual assegura ao inventor, seus sucessores ou cessionários, o direito de requerer patente perante o Inpi. Caso a patente não seja requerida por quem de direito, isto é, havendo usurpação da invenção, o inventor, ou seu sucessor legal, poderá pleitear a nulidade da patente, por infração do próprio art. 6º, ou seja, a patente seria inválida, posto que requerida em usurpação ao direito do legítimo inventor ou de seu sucessor legal. O inconveniente dessa solução é que o objeto da patente declarada nula, ou anulada, cairá em domínio público, podendo ser reproduzido por qualquer interessado, em detrimento do legítimo titular.

O dispositivo do art. 49, porém, dá ao inventor lesado uma solução mais apropriada para a usurpação ocorrida. O legítimo titular do direito – inventor, sucessor ou cessionário – poderá pleitear a adjudicação da patente, ou seja, pleitear que a patente seja transferida compulsoriamente do usurpador para o legítimo titular. Esse procedimento já estava previsto, desde longa data, por exemplo, na Itália, como relata Ascarelli (6, p.594). O festejado mestre italiano ressaltava, ainda, que, em sua opinião, não se pode falar em reivindicação, senão no sentido metafórico, em vista da ausência de possessão da patente.

A adjudicação em exame está fundamentada no direito de seqüela, que é atributo do direito de propriedade. Como lembra Serpa Lopes:

> O direito real segue seu objeto onde quer que se encontre. O direito de seqüela é a "prerrogativa concedida ao titular do direito real de pôr em movimento o exercício de seu direito sobre a coisa a ele vinculada, contra todo aquele que a possua injustamente, ou seja, seu detentor". (101, p.29)

Como regra, o direito de propriedade aperfeiçoa-se com a concessão da patente, retroagindo à data do depósito para fins de vigência (art. 40, da Lei

---

[31] Tratava-se, especificamente, de uma ação reivindicatória de registro de marca: TFR, 6ª T., Ap. 110.220-RJ, rel. Min. Américo Luz. (*RTFR* 153/169). Com relação ao art. 40, da Lei n. 5.772/71: TRF-2ª Região, Ap. 89.02.01444-4-RJ, j. 30.11.1992, rel. Des. Federal Arnaldo Lima.

n. 9.279/96) e até à data da publicação ou da divulgação, para valer retroativamente contra terceiros (art. 44[32]).

A invenção ainda não patenteada, cujo pedido de patente esteja em curso perante o Inpi, não é objeto de direito de propriedade. Assim, o art. 49, da LPI, traz uma exceção, na qual há direito de seqüela, atributo do direito de propriedade, apesar de o inventor não ter requerido patente, ou não ter sido o primeiro a requerê-la. Essa possibilidade de adjudicação é, sem dúvida, uma solução mais lógica para a defesa do inventor. Seria injusto e despropositado que o legítimo titular usurpado tivesse somente a via da nulidade para questionar a usurpação, pois, com a declaração de nulidade, a invenção cairia no domínio público e o inventor continuaria prejudicado, salvo a possibilidade de reparação do dano, por ato ilícito, de responsabilidade do usurpador.

Na hipótese do artigo, a invalidade se afigura mais como um caso de anulação da patente, e não de nulidade. A concessão da patente está eivada do vício do consentimento,[33] erro ou dolo, cabendo a legitimidade da alegação somente ao legítimo titular, havendo ainda a possibilidade de ratificação, por meio da adjudicação.

A adjudicação se dá por ação de procedimento comum ordinário (reivindicatória), de competência da Justiça Federal, por ser o Inpi, autarquia federal, interveniente obrigatório.

---

[32] Art. 44, da LPI: "Ao titular da patente é assegurado o direito de obter indenização pela exploração indevida de seu objeto, inclusive em relação à exploração ocorrida entre a data da publicação do pedido e a da concessão da patente".

[33] Causa de anulação e não de nulidade, nos termos do art. 171, II, do CC.

Conclusões

Verificou-se, neste trabalho, constituir-se a invenção em uma criação intelectual importando uma solução nova para um problema técnico existente. Essa criação deve ser exeqüível e útil para enquadrar-se no campo das invenções passíveis de proteção. A proteção jurídica da invenção dá-se por meio de um título expedido pelo Estado, a carta-patente, que confere a seu titular o direito temporário de exploração exclusiva da invenção.

A natureza jurídica do direito à invenção patenteada é de direito de propriedade. O ordenamento jurídico de proteção às patentes é constituído de um emaranhado de normas, envolvendo dispositivo da Constituição Federal, Lei n. 9.279/96, especificamente sobre a propriedade industrial e Tratados Internacionais – a Convenção da União de Paris, o Tratado de Cooperação em Matéria de Patentes e o Anexo I C do Acordo Constitutivo da OMC. Diversos atos normativos do Inpi também regulamentam a matéria.

O órgão governamental encarregado do processamento e concessão de patentes é o Inpi, que concede uma patente se preenchidas as condições ou requisitos legais para a proteção da invenção respectiva. Caso seja concedida patente para invenção que não preencha tais requisitos, estar-se-á diante de uma patente irregular. A irregularidade ou invalidade de patente tipifica um ato administrativo nulo, ao qual aplicam-se, com algumas particularidades, a teoria geral das nulidades, prevista no CC. A invalidade da patente, portanto, por se tratar de nulidade, produz efeitos *ex tunc*, como se o título jamais tivesse existido, com abrangência *erga omnes*.

As nulidades das patentes de invenção decorrem, em primeiro lugar, de infrações às regras de validade do objeto da patente de invenção. Para haver a proteção, é obrigatória a existência da invenção, em seu sentido técnico e em sua acepção jurídica, uma vez que a lei define o que não é invenção. Por fim, quanto ao objeto da patente, as invenções relativas a determinados campos do conhecimento são expressamente excluídas de proteção, pelo legislador: são as invenções contrárias à moral, aos bons costumes, à segurança, à ordem e à saúde públicas; as invenções resultantes da transformação do núcleo atômico e as invenções relacionadas à biotecnologia, com exceção dos microorganismos transgênicos. As nulidades se dão também por infração às condições legais de fundo e de forma de patenteabilidade. A invenção deve preencher os requisitos de novidade, atividade inventiva e aplicação industrial, caso contrário, a patente concedida será nula por infração às condições legais de fundo.

As condições legais de forma estabelecem regras relativas aos requisitos do depósito do pedido de patente, ao conteúdo redacional do pedido de patente e ao processo de obtenção da patente (*due process of law*). O desrespeito a tais regras induz à nulidade da patente. A patente será inválida, por fim, se infringir direitos de terceiros. Trata-se, no caso, de exceção à regra geral da nulidade, enquadrando-se como hipótese de patente anulável. O legítimo titular do direito à invenção, requerida por terceiro, poderá pleitear a adjudicação da patente, por meio de ação reivindicatória, ratificando a irregularidade existente.

As nulidades das patentes não são automáticas, podendo ser reconhecidas por um procedimento específico de declaração de nulidade, na esfera administrativa, perante o Inpi; ou na esfera judicial, por meio de ação declaratória de nulidade, de mandado de segurança, em hipóteses restritas, e mediante declaração incidental, caso seja constatada a nulidade em qualquer procedimento judicial.

ANEXO

Ato Normativo n. 127 de 1997 (Inpi)

ATO NORMATIVO N. 127, de 05/03/1997
MINISTÉRIO DA INDÚSTRIA, DO COMÉRCIO E DO TURISMO
INSTITUTO NACIONAL DA PROPRIEDADE INDUSTRIAL
PRESIDÊNCIA

Dispõe sobre a aplicação da Lei de Propriedade Industrial em relação às patentes e certificados de adição de invenção.

O PRESIDENTE DO Inpi, no uso de suas atribuições, e
CONSIDERANDO a necessidade de se estabelecer normas gerais de procedimentos para explicitar e cumprir dispositivos da Lei de Propriedade Industrial – Lei n. 9.279, de 14 de maio de 1996 (adiante LPI), no que se refere às patentes de invenção, às patentes de modelos de utilidade, e aos certificados de adição de invenção,
RESOLVE:
Estabelecer as seguintes normas de procedimentos:

1. TITULARIDADE

1.1 A solicitação de não divulgação do nome do inventor, de acordo com o § 4º do art. 6º da LPI, deverá ser indicada no requerimento de depósito, devendo ser apresentados, como anexo, em envelope fechado, documento do depositante nomeando e qualificando o inventor e a declaração do inventor solicitando a não divulgação de sua nomeação.

1.1.1 Após conferência pelo Inpi, os documentos e a declaração referidos acima serão mantidos em envelope lacrado.

1.2 Solicitada a não divulgação do nome do inventor, o Inpi omitirá tal informação nas publicações relativas ao processo em questão, bem como nas cópias do processo fornecidas a terceiros.

1.3 Na hipótese do item 1.1, terceiros com legítimo interesse poderão requerer ao Inpi seja informado o nome do(s) inventor(es), mediante compromisso, sob as penas da lei de não efetuarem tal divulgação, além do necessário para estabelecer e questionar eventual falta de legitimidade.

2. PERÍODO DE GRAÇA

2.1 Não será considerada como estado da técnica a divulgação de invenção ou modelo de utilidade, quando ocorrida durante os 12 (doze) meses que precederem à data de depósito ou a da prioridade do pedido de patente, se promovida segundo os incs. I, II e III do art. 12 da LPI (período de graça).

2.2 O inventor poderá, para efeito do art. 12 da LPI, quando do depósito do pedido, indicar a forma, local e data de ocorrência da divulgação, feita por ele.

2.3 O Inpi, durante o exame, poderá, quando julgar necessário, formular exigência fundamentada para a apresentação, em sessenta dias, de provas, que se revistam do requisito de certeza, quanto à sua existência e data, bem como da relação de tal divulgação, na forma do art. 12 da LPI.

3. PRIORIDADE

3.1 A reivindicação de prioridade será comprovada por documento hábil da origem, contendo relatório descritivo e, se for o caso, reivindicações e desenhos, acompanhado da tradução simples da certidão de depósito ou documento equivalente.

3.2 Quando os dados identificadores dos pedidos constantes da certidão de depósito ou documento equivalente estiverem conformes aos do requerimento de depósito do pedido (formulário modelo 1.01), poderá ser feita declaração, no respectivo formulário de depósito, ou em apartado, até a data da apresentação do documento hábil, com os mesmos efeitos da tradução simples prevista no § 2° do art. 16 da LPI.

3.3 Caso a reivindicação de prioridade feita no ato de depósito seja suplementada por outras, conforme § 1º do art. 16 da LPI, não será alterado o prazo inicial de 180 dias contados do depósito do pedido (art. 16 da LPI), para as respectivas comprovações.

3.4 Se o documento que deu origem à prioridade for de depositante distinto daquele que requereu o pedido no Brasil, por cessão de direitos, deverá ser apresentada cópia do correspondente documento de cessão, firmado em data anterior à do depósito no Brasil, ou declaração de cessão ou documento equivalente, dispensada notarização/legalização e acompanhado de tradução simples ou documento bilíngüe.

3.4.1 As formalidades do documento de cessão do direito de prioridade serão aquelas determinadas pela lei do país onde houver sido firmado.

3.4.2 Presume-se cedido o direito de depósito e o direito de prioridade em caso de pedidos de patente cujo depositante seja empregador ou contratante do inventor, desde que apresentado o documento comprobatório de tal relação e da cessão dos futuros inventos, ou documento equivalente.

3.5 A falta de comprovação da reivindicação de prioridade prevista no art.

16 da LPI acarretará a perda de prioridade, salvo se a parte comprovar que não a realizou por justa causa, aplicando-se o disposto no art. 221 da LPI.

3.6 O pedido de patente depositado originalmente no Brasil, sem reivindicação de prioridade e não publicado, assegurará o direito de prioridade (prioridade interna) ao pedido posterior sobre a mesma matéria depositado no Brasil pelo mesmo requerente ou sucessores dentro do prazo de um ano.

3.6.1 A reivindicação de prioridade será feita no ato do depósito através da indicação do número e data do pedido anterior.

3.6.2 O pedido anterior ainda pendente será considerado definitivamente arquivado e publicado.

4. ENTREGA DO PEDIDO DE PATENTE

4.1 O pedido de patente, que será sempre em idioma português, conterá:
(I) Requerimento, através do formulário modelo 1.01;
(II) Relatório descritivo, de acordo com as disposições do presente Ato;
(III) Reivindicações, de acordo com as disposições do presente Ato;
(IV) Desenhos, de acordo com as disposições do presente Ato, se for o caso;
(V) Resumo, de acordo com as disposições do presente Ato;
(VI) Comprovante de pagamento da retribuição relativa ao depósito.

4.2 O pedido de patente poderá ser entregue nas recepções do Inpi, ou através de envio postal, com aviso de recebimento endereçado à Diretoria de Patentes – DIRPA /SAAPAT (Praça Mauá, 7), com indicação do código DVP.

4.2.1 Presumir-se-á que os pedidos depositados por via postal terão sido recebidos na data da postagem ou no dia útil imediatamente posterior, caso a postagem se dê em sábado, domingo ou feriado e na hora do encerramento das atividades da recepção da sede do Inpi, no Rio de Janeiro.

4.3 O pedido que não atender formalmente às especificações dos itens (I) a

(V) acima, mas que contiver dados relativos ao depositante e ao inventor, além de uma descrição e desenhos (obrigatórios no caso de Modelos de Utilidade), que permitam a perfeita identificação do objeto, poderá ser entregue, mediante recibo datado, ao Inpi, que estabelecerá as exigências a serem cumpridas, no prazo de trinta dias, a contar de sua ciência, na forma do art. 226 da LPI.

4.3.1 Caso o pedido esteja em alfabeto latino e em idioma estrangeiro, deverá também ser apresentada, no mesmo prazo do item anterior, a tradução simples de todos os documentos originalmente em idioma estrangeiro. Caso essa tradução corresponda ao pedido de patente apresentado de acordo com o item 4.1, poderá o depositante substituí-la por declaração correspondente.

4.3.2 Cumpridas as exigências quanto às questões formais, o depósito será considerado como efetuado na data do recibo.

4.3.3 A data a ser considerada para efeito de depósito, se for verificado, durante o processamento do pedido, que o objeto descrito não corresponde ao texto original, será a do cumprimento de exigência.

4.3.4 No caso de não atendimento da exigência, o pedido será devolvido ao depositante ou estará à sua disposição em arquivo específico do Inpi até condições de posterior devolução.

4.4 Efetuado o depósito por via postal, caso tenham sido enviadas vias suplementares, para retorno ao depositante, deverá ele enviar também envelope adicional, endereçado e selado, para retorno das vias suplementares pelo correio, sem responsabilidade por parte do Inpi quanto a extravios. Na falta de tal envelope endereçado e selado, ficarão tais vias suplementares à disposição do depositante, no Inpi, no Rio de Janeiro.

5. DEPÓSITO

5.1 Considera-se depósito o ato pelo qual o Inpi, após proceder ao exame formal preliminar, protocoliza o pedido de patente mediante numeração própria.

6. PEDIDOS DIVIDIDOS

6.1 O pedido de patente poderá ser dividido em dois ou mais até o final do exame:
a) a requerimento do depositante;
b) em atendimento a exigência, quando o exame técnico revelar que o pedido é complexo ou que contém um grupo de invenções que compreendem mais de um conceito inventivo, ou mais de um modelo de utilidade.

6.1.1 Não poderá ser dividido o pedido que contiver apenas uma invenção ou um único modelo de utilidade se a divisão implicar em mutilação ou dupla proteção da invenção ou modelo.

6.1.2 O depósito do pedido dividido deverá conter:
a) requerimento através do formulário modelo 1.01, acompanhado da guia de recolhimento respectiva;
b) os documentos que integram o pedido dividido deverão estar de acordo com as normas estabelecidas neste Ato, sendo que, no relatório descritivo, após o título, deverá constar a indicação de se tratar de divisão com menção à natureza, número e data do depósito do pedido original, nos seguintes termos: "Dividido do ________________, depositado em ____/ ____/ ____;
b.1) O relatório descritivo, o resumo e, se for o caso, os desenhos do pedido dividido deverão limitar-se ao conteúdo da matéria nele reivindicada, salvo quando necessário à perfeita compreensão da matéria, caso em que poderá incluir matéria contida no pedido original;
c) as guias de recolhimento das retribuições cabíveis de acordo com a fase processual do pedido original (anuidades, pedido de exame, etc...), no valor constante da tabela de retribuição vigente na data de sua apresentação;

6.2 O relatório descritivo, os desenhos e o resumo do pedido original, quando for o caso, deverão ser correspondentemente alterados, para excluir matéria inconsistente ou que não seja claramente relacionada com a invenção reivindicada.

6.3 Quando as reivindicações do pedido dividido forem resultantes da divisão do quadro reivindicatório do pedido original, as reivindicações do pedido original deverão ser correspondentemente alteradas para excluir a matéria reivindicada no pedido dividido.

6.4 O pedido dividido será protocolizado após exame formal preliminar, recebendo numeração mecânica de acordo com o ano do depósito do pedido que lhe deu origem.

6.5 O depósito do pedido dividido será automaticamente notificado na RPI, constando de tal notificação o número do pedido original e a indicação de ser divisão.

6.6 O pedido dividido será considerado como estando na mesma fase processual em que se encontra o pedido original, cabendo ao Inpi reduzir a termo a referência aos documentos e petições que se encontram no pedido original.

7. EXAME DO PEDIDO

7.1 Durante o exame técnico, poderá ser feita exigência no sentido de que seja apresentada, no prazo de sessenta dias, sob pena de arquivamento do pedido, a tradução simples do relatório descritivo e, se for o caso, das reivindicações constantes do documento hábil do país de origem.
Esta tradução pode ser substituída por uma declaração do depositante de que os documentos constantes do pedido estão fielmente contidos no documento de origem.

7.2 SUBSÍDIOS
Os documentos apresentados por terceiros, a título de subsídios, serão tidos como se fossem referências identificadas na busca realizada pelo examinador, e como tal, se relevantes, anexadas ao parecer técnico, para conhecimento e manifestação do depositante.

7.3 Quando o parecer técnico for pelo não enquadramento do pedido na natureza reivindicada, o depositante, desejando alterá-la, deverá fazer menção expressa nesse sentido, na manifestação cabível.

7.4 Ao ser aceita a adaptação do pedido à nova natureza, o depositante deverá, no caso em que haja diferença em favor do Inpi das retribuições cabíveis à natureza adaptada, efetuar o pagamento da diferença devida; na situação inversa não caberá devolução, uma vez que o exame foi efetuado na natureza inicialmente requerida.

7.5 FINAL DE EXAME
Para os efeitos dos arts. 26 e 31 da LPI, considera-se final de exame a data do parecer conclusivo do técnico quanto à patenteabilidade, ou o trigésimo dia que antecede a publicação da decisão de deferimento, indeferimento ou arquivamento definitivo, o que ocorrer por último.

8. OFERTA DE LICENÇA

8.1 A patente licenciada em caráter de exclusividade não poderá ser objeto de oferta.

8.2 A patente licenciada sem caráter de exclusividade poderá ser objeto de oferta, sem, contudo, o benefício da redução das anuidades prevista no art. 66 da LPI.

8.3 O Certificado de Adição de Invenção, sendo acessório da patente, acompanha a patente em oferta e não pode ser oferecido isoladamente.

8.4 A patente não licenciada poderá ser objeto de oferta com o benefício da redução das anuidades prevista no art. 66 da LPI, nas seguintes condições:

8.4.1 O titular solicitará ao Inpi que promova a oferta para fins de exploração, indicando todas as condições contratuais inerentes, por ex. royalties, prazos, condições de pagamento, escala, disponibilidade de know-how, assistência técnica.

8.4.2 O Inpi, após verificação da situação da patente e das cláusulas e condições impostas, promoverá a publicação da oferta, providenciando a redução das anuidades vincendas.

8.4.3 Não estando a patente em condições de oferta, como por ex., sob licença voluntária exclusiva, sob argüição de validade ou gravada com ônus, o Inpi notificará o titular a respeito.

8.5 Da publicação da oferta constará, pelo menos, o número da patente, titular, prazo de sua vigência, título, objeto e prazo da licença.

8.6 A publicação será promovida pelo menos uma vez por semestre.

8.7 O Inpi fornecerá, a requerimento de terceiros interessados, cópia na íntegra das condições contratuais oferecidas pelo titular, comunicando-lhe o fato.

8.7.1 A partir da comunicação ao titular do encaminhamento das condições da oferta a terceiros, o titular deverá, no prazo de sessenta dias, prorrogáveis até que se completem 180 dias, notificar ao Inpi quanto ao desenvolvimento das negociações. Na ausência de manifestação do titular, o Inpi presumirá que o depositante desistiu da oferta, deixando de aplicar a redução da retribuição da anuidade.

8.8 Havendo manifestação expressa ao Inpi quanto à aceitação dos termos do contrato de licença para exploração da patente por terceiros, não mais poderá o titular dela desistir.

8.8.1 O Inpi comunicará ao titular o aceite, promovendo os atos cabíveis para ultimar o contrato.

8.9 Não ocorrendo acordo entre o titular e o licenciado quanto à remuneração cabível, poderá qualquer das partes requerer ao Inpi o seu arbitramento.

8.10 O titular deverá renovar anualmente a solicitação de oferta, ratificando seus termos.

8.10.1 Na falta de qualquer manifestação quanto à renovação da oferta, pelo prazo de dois anos consecutivos, contados da notificação da RPI, presumir-se-á a desistência do titular na oferta, extinguindo-se o benefício da redução de anuidade e da possibilidade de sua renovação.

9. CERTIFICADO DE ADIÇÃO DE INVENÇÃO

9.1 O aperfeiçoamento ou desenvolvimento introduzido em invenção reivindicada em pedido ou patente poderá ser objeto de um Certificado de Adição de Invenção, desde que apresente o mesmo conceito inventivo desta.

9.2 O depósito do pedido de Certificado de Adição de Invenção deverá conter:
a) requerimento através do formulário modelo 1.01, acompanhado da guia de recolhimento respectiva;
b) os documentos que integram o pedido de Certificado de Adição de Invenção deverão estar de acordo com as normas estabelecidas neste Ato, sendo que, no relatório descritivo, após o título, deverá constar a indicação de se tratar de Certificado de Adição com menção ao número e data do depósito do pedido principal, nos seguintes termos: "Certificado de Adição de Invenção do PI ____________________, depositado em ____/ ____/ ____;
b.1) O relatório descritivo, o resumo e, se for o caso, os desenhos do pedido de Certificado de Adição de Invenção deverão limitar-se ao conteúdo da matéria nele reivindicada, salvo quando necessário à perfeita compreensão da matéria, caso em que poderá incluir matéria contida no pedido principal;

9.3 O depósito do pedido de Certificado de Adição de Invenção será automaticamente notificado na RPI, constando de tal notificação o número do pedido original e a indicação de ser Certificado de Adição de Invenção.

9.4 Sempre que possível, as reivindicações do Certificado de Adição de Invenção devem ser descritas de forma interrelacionadas às correspondentes do pedido ou patente principal.

9.5 A decisão do Certificado de Adição de Invenção de pedido de patente pendente ficará condicionada à decisão do pedido principal.

9.5.1 A concessão do Certificado de Adição de Invenção estará condicionada à concessão da patente principal, podendo ocorrer de forma simultânea.

9.6 O depositante poderá, no prazo de recurso contra o indeferimento do pedido do certificado de adição, por não apresentar o mesmo conceito inventivo, requerer a sua transformação em pedido de patente de invenção ou de modelo de utilidade.

9.6.1 Transformado o pedido de Certificado de Adição de Invenção em pedido de patente, a data de depósito do pedido de patente será a do Certificado de Adição de Invenção, sendo o mesmo renumerado correspondentemente.

9.7 Aplicam-se as disposições da expedição da patente à expedição do certificado de adição.

10. DA RETRIBUIÇÃO ANUAL

10.1 PAGAMENTO DE ANUIDADE

10.1.1 Anuidade é a retribuição anual a que está sujeito o pedido de patente ou a patente, a partir do 24º mês da data do depósito (início do terceiro ano).

10.1.2 O Certificado de Adição estará sujeito à retribuição anual a partir do início do período anual (do pedido ou patente de que for acessório) seguinte ao seu depósito. O período para pagamento é o mesmo daquele do pedido ou patente de que for acessório.

10.1.3 O pagamento da anuidade deve ser efetuado a partir do 24º mês da data do depósito, nos primeiros três meses de cada período anual, podendo, ainda, ser feito independentemente de notificação, dentro dos seis meses subseqüentes, mediante pagamento de retribuição adicional (art. 84 parágrafo 2º da LPI).

10.1.4 O pagamento de anuidades vincendas de patentes e seus certificados de adição poderá ser antecipado quando de um dos pagamentos regulares, desde que de uma só vez e alcançando todo o período restante.

10.1.4.1 Não se aplicará a disposição acima às patentes que estejam em oferta de licença com redução de anuidade.

10.1.5 As anuidades regulares ou antecipadas deverão ser pagas pelo valor de tabela de retribuição em vigor na data do pagamento.

10.1.6 O pagamento das anuidades poderá ser feito mediante guia de retribuição, ordem bancária ou outros procedimentos que venham a ser disponibilizados pelo Inpi.

10.1.7 Caso o pagamento seja feito a menor, o Inpi formulará exigência de complementação, que deverá ser cumprida no prazo de sessenta dias contados da notificação na RPI.

10.2 CONSEQÜÊNCIA DA FALTA DE PAGAMENTO DE ANUIDADE

10.2.1 A falta de pagamento de anuidade acarretará o arquivamento do pedido ou a chamada para restauração da patente ou certificado de adição.

10.2.2 Publicada a notificação de arquivamento ou chamada para restauração, o depositante ou titular poderá requerer a restauração, no prazo de três meses, nos termos do art. 87 da LPI, utilizando-se do formulário modelo 1.02.

10.2.3 O requerimento de restauração deverá ser instruído com as guias de recolhimento tanto da anuidade devida, acrescida de retribuição adicional, quanto do próprio pedido de restauração.

10.3 COMPROVAÇÃO DO PAGAMENTO

10.3.1 O pagamento de anuidade deverá ser comprovado no curso do prazo estabelecido para seu respectivo pagamento.

10.3.1.1 A comprovação do pagamento de anuidade poderá ser feita mediante a apresentação de cópia da guia de recolhimento, cópia de ordem bancária ou similar, que possibilite a identificação precisa do pagamento efetuado, inclusive o período anual respectivo, se for o caso.

10.3.2 A comprovação pode ser entregue nas recepções do Inpi ou postada nos correios, com aviso de recebimento.

10.3.3 A comprovação não está sujeita a retribuição.

10.4 CONSEQÜÊNCIA DA NÃO-COMPROVAÇÃO DO PAGAMENTO DE ANUIDADE

10.4.1 Não comprovado o pagamento, o Inpi formulará exigência para a apresentação da comprovação do pagamento, que deverá ser cumprida no prazo de sessenta dias.

10.4.2 Não cumprida a exigência, o Inpi presumirá que o pagamento não foi efetuado, promovendo os procedimentos cabíveis.

10.4.3 Caso o interessado venha, no prazo de restauração, comprovar formalmente que o pagamento havia sido efetuado, ficará, salvo justa causa, sujeito ao pagamento da retribuição equivalente à restauração.

10.5 RESTAURAÇÃO

10.5.1 Caberá restauração sempre que a retribuição anual não for efetuada no prazo dos arts. 84 ou 85 da LPI.

10.5.2 O prazo para restauração será de três meses a contar da notificação na RPI do arquivamento do pedido ou da chamada para restauração da patente.

10.5.3 O pedido de restauração será instruído com a guia da retribuição de restauração acompanhada da guia do recolhimento da anuidade cabível paga no valor previsto para o caso.

11. OUTRAS DISPOSIÇÕES:

11.1 PROCURAÇÃO

11.1.1 O instrumento de procuração, na forma e nos termos previstos no art. 216 da LPI, quando o interessado não requerer pessoalmente, poderá ser apresentado no prazo de sessenta dias contados da prática do primeiro ato da parte no processo, independente de notificação ou exigência.

11.1.1.1 Em se tratando de pessoa domiciliada no exterior, e não sendo seus atos praticados através de procurador, na forma do art. 216 da LPI, deverá ser apresentada procuração, nos termos previstos no art. 217 da LPI, ainda que o ato tenha sido praticado pessoalmente.

11.1.1.2 A procuração prevista no art. 217 da LPI, se não apresentada quando do depósito, poderá ser exigida pelo Inpi a qualquer momento, inclusive após a extinção da patente, devendo a mesma ser apresentada no prazo de sessenta dias.

11.1.1.3 Caso não seja apresentada procuração no prazo de sessenta dias do depósito, o pedido será considerado definitivamente arquivado e publicado.

11.2 As reduções de retribuições previstas só serão passíveis de cumulação até o percentual máximo de 70%.

11.3 O arquivamento de que trata o § 2º do art. 216 será o da petição ou do pleito referente à petição, cabendo recurso de tal arquivamento.

11.4 As traduções simples mencionadas neste Ato deverão conter atestação do interessado, depositante ou titular, da sua fidelidade.

11.5 Os documentos apresentados e os formulários instituídos neste Ato deverão ser impressos em papel branco com tinta preta, devendo igualmente ser preenchido com tinta preta.

11.6 O pedido de fotocópia deverá ser efetuado através do formulário modelo 1.05.

12. DOS PRAZOS

12.1 O pedido para concessão de prazo adicional para a prática de ato não realizado por justa causa deverá ser apresentado através do formulário modelo 1.08 e instruído com sua justificativa e provas cabíveis.

12.2 Reconhecida pelo Inpi a justa causa que impediu a parte de praticar ato no prazo legal, o Inpi notificará o interessado do prazo que lhe for concedido, na forma prevista no art. 226 da LPI.

12.3 O prazo a ser concedido para a prática do ato será de, no mínimo, quinze dias a, no máximo, o prazo legal dos atos correspondentes.

13. GARANTIA DE PRIORIDADE

13.1 Extinguir-se-á automaticamente a garantia de prioridade depositada segundo a Lei n. 5.772/71 se, no prazo de doze meses para privilégio de invenção e seis meses para modelo de utilidade, contados da data de seu depósito, não for apresentado o pedido de patente.

14. NUMERAÇÃO:

14.1 A numeração dos pedidos de patente de invenção e de modelo de utilidade bem como das correspondentes patentes, e a do certificado de adição, será constituída por três segmentos e um dígito verificador, a saber:

14.1.1 Qualificador alfabético:
Invenção
PI
Modelo de Utilidade
MU
Certificado de Adição

C, seguida do algarismo correspondente à quantidade de certificados de adição de invenção relativos a uma mesma invenção.

14.1.2 Qualificador numérico – designativo do ano em que foi feito o depósito e, simultaneamente, da natureza do privilégio, composto de dois algarismos, onde o segundo algarismo da esquerda para a direita indica o ano da década, enquanto o primeiro algarismo da esquerda para a direita indica a natureza do privilégio, de acordo com o seguinte código:
Invenção – algarismo correspondente à década do ano do depósito.
Modelo de Utilidade – algarismo correspondente à década do ano de depósito menos 2.
Certificado de Adição – corresponde ao da Invenção principal.

14.1.3 Quantificador
Invenção – série numérica crescente, anual, composta de cinco algarismos iniciando-se com 00001.
Modelo de Utilidade – série numérica crescente, anual, composta de cinco algarismos iniciando-se com 00001.
Certificado de Adição – corresponde ao da Invenção principal

14.2 Continua em vigor a numeração dos privilégios de invenção e de modelo de utilidade, isto é, os números dos pedidos em andamento e das patentes de invenção e de modelo de utilidade concedidas não serão alterados.

15. ESPECIFICAÇÕES DO PEDIDO DE PATENTE

15.1 PATENTE DE INVENÇÃO

15.1.1 Requerimento Inicial
O requerimento inicial deve ser efetuado através do formulário modelo 1.01.

15.1.2 Relatório Descritivo:
O relatório descritivo deverá:
a) ser iniciado pelo título;
b) referir-se a uma única invenção, ou a um grupo de invenções interrela-

cionadas de maneira que constituam um só conceito inventivo;
c) precisar o setor técnico a que se refere a invenção;
d) descrever o estado da técnica que possa ser considerado útil à compreensão, à busca e ao exame da invenção, citando, sempre que possível, os documentos que o reflitam, destacando os problemas técnicos existentes;
e) definir os objetivos da invenção e descrever, de forma clara, concisa e precisa, a solução proposta para o problema existente, bem como as vantagens da invenção em relação ao estado da técnica;
f) ressaltar, nitidamente, a novidade e evidenciar o efeito técnico alcançado;
g) relacionar as figuras apresentadas nos desenhos, especificando suas representações gráficas (vistas, cortes, esquemas de circuitos, diagramas em bloco, fluxogramas, gráficos,...);
h) especificar, nos casos em que houver inclusão de reprodução de fotografias (tais como estruturas metalográficas), as características peculiares a esse tipo de representação gráfica, como por exemplo, ampliação, condições e natureza do material fotografado, etc.;
i) descrever a invenção de forma consistente, precisa, clara e suficiente, de maneira que um técnico no assunto possa realizá-la, fazendo remissão aos sinais de referência constantes dos desenhos, se houver, e, se necessário, utilizar exemplos e/ou quadros comparativos, relacionando-os com o estado da técnica;
j) ressaltar, quando a natureza da invenção for tal que englobe mais de uma forma de execução, a melhor delas, conhecida pelo depositante, na data do depósito;
k) indicar, explicitamente, a utilização industrial quando essa não for evidente a partir da descrição da invenção;
l) ser apresentado de maneira a seguir a ordem indicada nos itens acima, a menos que, em razão do objeto da invenção, outra maneira ou ordem diferente permita a sua melhor compreensão e apresentação mais concisa.

15.1.3 REIVINDICAÇÕES

15.1.3.1 Quantidade, numeração e categorias

a) a quantidade de reivindicações independentes e dependentes deve ser suficiente para definir corretamente o objeto do pedido;

b) as reivindicações devem ser numeradas consecutivamente, em algarismos arábicos;
c) as reivindicações podem ser de uma ou várias categorias (tais como produto e processo, processo e aparelho, produto, processo e aparelho, etc.), desde que ligadas por um mesmo conceito inventivo, sendo arranjadas da maneira mais prática possível.

15.1.3.2 Formulação das reivindicações
a) as reivindicações devem, preferencialmente, ser iniciadas pelo título ou parte do título correspondente à sua respectiva categoria e conter uma única expressão "caracterizado por";
b) cada reivindicação deve definir, clara e precisamente, e de forma positiva, as características técnicas a serem protegidas pela mesma, evitando-se expressões que acarretem indefinição na reivindicação;
c) as reivindicações devem estar totalmente fundamentadas no relatório descritivo;
d) exceto quando absolutamente necessário, as reivindicações não podem conter, no que diz respeito às características da invenção, referências ao relatório descritivo ou aos desenhos, do tipo "como descrito na parte ... do relatório descritivo" ou "bem como representado pelos desenhos";
e) quando o pedido contiver desenhos, as características técnicas definidas nas reivindicações devem vir acompanhadas, entre parênteses, pelos respectivos sinais de referência constantes dos desenhos se for considerado necessário à compreensão do mesmo, entendendo-se que tais sinais de referência não são limitativos das reivindicações.
f) cada reivindicação deve ser redigida sem interrupção por pontos.
k) não serão aceitas em reivindicações trechos explicativos com relação ao funcionamento, vantagens, e simples uso do objeto.

15.1.3.2.1 Reivindicações independentes
a) São aquelas que, mantida a unidade de invenção, visam a proteção de características técnicas essenciais e específicas da invenção em seu conceito integral, cabendo a cada categoria de reivindicação pelo menos uma reivindicação independente.
b) Cada reivindicação independente deve corresponder a um determinado

conjunto de características essenciais à realização da invenção, sendo que somente será admitida mais de uma reivindicação independente da mesma categoria se tais reivindicações definirem diferentes conjuntos de características alternativas e essenciais à realização da invenção, ligadas pelo mesmo conceito inventivo;

c) as reivindicações independentes de categorias diferentes, em que uma das categorias seja especialmente adaptada à outra, serão, de preferência, formuladas de modo a evidenciar sua interligação, empregando-se, na parte inicial da reivindicação, expressões, como por exemplo: "Aparelho para realização do processo definido na reivindicação...", "Processo para a obtenção do produto definido na reivindicação..."

d) as reivindicações independentes devem, quando necessário, conter, entre a sua parte inicial e a expressão "caracterizado por", um preâmbulo explicitando as características essenciais à definição da matéria reivindicada e já compreendidas pelo estado da técnica;

e) após a expressão "caracterizado por" devem ser definidas as características técnicas essenciais e particulares que, em combinação com os aspectos explicitados no preâmbulo, se deseja proteger;

f) as reivindicações independentes podem servir de base a uma ou mais reivindicações dependentes, devendo, preferencialmente, ser agrupadas na ordem correspondente ao título do pedido.

15.1.3.2.2 Reivindicações dependentes

a) são aquelas que, mantida a unidade de invenção, incluem características de outra(s) reivindicação(ões) anterior(es) e definem detalhamentos dessas características e/ou características adicionais, contendo uma indicação de dependência a essa(s) reivindicação(ões) e, se necessário, a expressão "caracterizado por";

b) as reivindicações dependentes não devem exceder as limitações das características compreendidas na(s) reivindicação(ões) a que se referem;

c) nas reivindicações dependentes devem ser definidas, precisa e compreensivelmente, as suas relações de dependência, não sendo admitidas formulações do tipo "de acordo com uma ou mais das reivindicações...", "de acordo com as reivindicações precedentes..." , ou similares;

d) qualquer reivindicação dependente que se referir a mais de uma reivin-

dicação (reivindicação de dependência múltipla) deve se reportar a essas reivindicações na forma alternativa ou na forma cumulativa (formuladas aditivamente), sendo permitida somente uma das formulações, ou alternativa ou cumulativa, para todas as reivindicações de dependência múltipla;
e) as reivindicações de dependência múltipla na forma alternativa podem servir de base a qualquer outra reivindicação de dependência múltipla, desde que as relações de dependência das reivindicações estejam estruturadas de maneira que permitam o imediato entendimento das possíveis combinações resultantes dessas dependências.

15.1.4 DESENHOS

15.1.4.1 Os desenhos, fluxogramas, diagramas, esquemas gráficos deverão:
a) ter as folhas numeradas consecutivamente, acima e ao centro das páginas, em algarismos arábicos, indicando o número da página e, preferencialmente, o número total de páginas (de desenhos) separados por uma barra oblíqua (p. ex. 1/3 , 2/3, 3/3);
b) ser executados com traços indeléveis firmes, uniformes e sem cores, preferivelmente com auxílio de instrumentos de desenho técnico, de forma a permitir sua reprodução;
c) ser isentos de textos, rubricas ou timbres, podendo conter apenas termos indicativos (tais como "água", "vapor d'água", "aberto", "fechado", corte "AA", etc.), e palavras-chave, no caso de circuitos elétricos, diagramas em bloco, fluxogramas e gráficos;
d) ter os termos indicativos, se houver, dispostos de maneira a não cobrir qualquer linha das figuras;
e) ter cortes indicados por hachuras oblíquas que permitam a fácil leitura dos sinais de referência e das linhas diretrizes;
f) ser executados com clareza e em escala que possibilite redução com definição de detalhes, podendo conter, em uma só folha, diversas figuras, cada uma nitidamente separada da outra, numeradas consecutivamente e agrupadas, preferivelmente, seguindo a ordem do relatório descritivo;
g) manter a mesma escala para todos os elementos de uma mesma figura, salvo quando proporção diferente for indispensável à sua compreensão;
h) conter, sempre que forem utilizadas figuras parciais para compor uma fi-

gura completa, sinais de referência que permitam a clara visualização da continuidade das mesmas;
i) ter as figuras, sempre que possível, dispostas na folha de maneira vertical e, quando na posição horizontal, com a parte superior voltada para o lado esquerdo;
j) conter todos os sinais de referência constantes do relatório descritivo, observando o uso dos mesmos sinais de referência para identificar determinada característica em todos os desenhos, sempre que essa apareça.

15.1.4.2 A apresentação de reprodução de fotografias em substituição às figuras será aceita apenas nos casos em que essa for a única maneira possível de representar graficamente o objeto do pedido, tais como estruturas metalográficas, e desde que tais reproduções apresentem nitidez tal que permitam a visualização de todos os detalhes do objeto.

15.1.4.2.1 As fotografias devem manter sua qualidade durante, pelo menos, o prazo de vigência da patente;

15.1.4.3 Os números e letras nos desenhos devem ter altura mínima de 3,2 mm.

15.1.4.4 Todos os sinais de referência (tais como algarismos, letras ou alfanuméricos), e linhas diretrizes que figurem nos desenhos devem ser simples e claros, sendo que os sinais de referência não podem conter parênteses, círculos ou aspas.

15.1.4.5 Os desenhos não podem ser emoldurados ou delimitados por linhas, ficando dispostos no papel com as seguintes margens mínimas:
superior 2,5 cm – preferencialmente 4 cm
esquerda 2,5 cm – preferencialmente 3 cm
direita 1,5 cm
inferior 1 cm

15.1.5 RESUMO

15.1.5.1 Quanto ao conteúdo, o resumo deverá:

a) ser um sumário do que foi exposto no relatório descritivo, nas reivindicações e nos desenhos;

b) indicar o setor técnico ao qual pertence a invenção;

c) ser redigido de forma a permitir uma compreensão clara do problema técnico, da essência da solução desse problema por meio da invenção e do uso principal ou dos usos principais da invenção;

d) ser redigido de forma a poder servir de instrumento eficaz de pré-seleção para fins de pesquisa em determinado setor técnico, especialmente ajudando o usuário a formular uma opinião quanto à conveniência ou não de consultar o documento na íntegra;

e) sendo o caso, conter as fórmulas químicas e/ou equações matemáticas que, entre todas as constantes do pedido, melhor caracterizem a invenção.

15.1.5.2 Quanto à forma, o resumo deve:

a) ser iniciado pelo título;

b) ser tão conciso quanto a exposição permitir (de preferência de 50 a 200 palavras), preferivelmente não excedendo 20 linhas de texto;

c) conter sinais de referência, entre parênteses, correspondentes a cada uma das principais características técnicas, quando ilustradas por desenho constante do pedido;

d) não fazer menção ao mérito ou ao valor da invenção requerida.

15.2 PATENTE DE MODELO DE UTILIDADE

15.2.1 Condições do Pedido de Patente de Modelo de Utilidade:

15.2.1.1 Requerimento Inicial

O requerimento inicial deverá ser efetuado através do formulário modelo 1.01.

15.2.1.2 Relatório Descritivo

O relatório descritivo deverá:

a) ser iniciado pelo título.
b) referir-se a um único modelo principal, que poderá incluir uma pluralidade de elementos distintos adicionais ou variantes construtivas ou configurativas, desde que mantida a unidade técnico-funcional e corporal do objeto.
c) precisar o setor técnico a que se refere o objeto;
d) descrever o estado da técnica que possa ser considerado útil à compreensão, à busca e ao exame do modelo, citando, sempre que possível, os documentos que o reflitam, destacando os problemas técnicos existentes;
e) descrever, de forma clara, concisa e precisa, a solução proposta para o problema existente, bem como as vantagens do modelo em relação ao estado da técnica;
f) ressaltar, nitidamente, a novidade e evidenciar a melhoria funcional alcançada;
g) relacionar as figuras apresentadas nos desenhos, especificando suas representações gráficas (vistas, cortes, perspectiva, esquema do circuito elétrico, etc.);
h) descrever o modelo de forma consistente, precisa, clara e suficiente, com as possíveis variantes, fazendo remissão aos sinais de referência constantes dos desenhos, de forma a definir o objeto requerido e não um simples princípio segundo o qual o mesmo pode adotar formas diversas, não sendo cabíveis trechos do tipo "concretização preferida", "a título exemplificativo", etc.
i) descrever, no caso de melhoria funcional decorrente de alteração ou introdução de circuito elétrico especificamente associado ao objeto, além do diagrama esquemático do mencionado circuito, todos os elementos de conexão e enlace responsáveis pela alteração e disposição que resulte na melhor utilização do modelo objeto do pedido;
j) ser apresentado de maneira a seguir a ordem indicada nos itens acima, a menos que em razão do objeto do modelo outra maneira ou ordem diferente permita a sua melhor compreensão e apresentação mais concisa.

15.2.1.2 REIVINDICAÇÕES

15.2.1.2.1 Quantidade e Numeração

a) cada pedido deve conter uma única reivindicação independente que descreva o modelo, definindo integralmente todas as características de forma ou disposição introduzidas, essenciais à obtenção da melhoria funcional;

b) somente serão aceitas reivindicações dependentes quando:
b.l. referirem-se a elemento complementar de uso opcional que não altere ou modifique as condições de utilização e funcionamento do objeto;
b.2. referirem-se a variação de forma ou a detalhe relacionados a elementos componentes do modelo, definidos na primeira reivindicação, e que não alterem a unidade do modelo (unidade técnico-funcional e corporal do objeto) e seu funcionamento;
b.3. referirem-se ao objeto em sua forma tridimensional nos casos em que a configuração final seja secundária e decorrente da montagem de uma estrutura inicial planificada caracterizada na primeira reivindicação;
c) as reivindicações deverão ser enumeradas consecutivamente em algarismos arábicos.

15.2.1.2.2 Formulação das Reivindicações
a) as reivindicações devem ser iniciadas pelo título do pedido e conter uma única expressão "caracterizado por";
b) cada reivindicação deve definir, clara e precisamente, e de forma positiva, as características técnicas a serem protegidas pela mesma, evitando-se expressões que acarretem indefinição na reivindicação;
c) as reivindicações dependentes não devem exceder as limitações das características compreendidas na(s) reivindicação(ões) a que se referem;
d) a reivindicação independente deve, quando necessário, conter entre o título e a expressão "caracterizado por", um preâmbulo explicitando as características já conhecidas no estado da técnica indispensáveis à construção e definição do modelo;
e) a reivindicação independente dever definir, após a expressão "caracterizado por", somente a nova forma ou disposição introduzida, contendo todos os elementos que a constituem, bem como seus posicionamentos e interconexões em relação ao conjunto;
f) as características do modelo definidas nas reivindicações devem ser acompanhadas, entre parênteses, dos sinais de referência constantes dos desenhos;
g) cada reivindicação deve ser redigida de forma contínua sem interrupções por pontos;
h) as reivindicações devem estar totalmente fundamentadas no relatório descritivo e desenhos;

i) as reivindicações dependentes devem ser iniciadas pelo título do pedido seguido pela expressão "de acordo com a reivindicação no..." e, se necessário, a expressão "caracterizado por";
j) exceto quando absolutamente necessário, as reivindicações não podem conter, no que diz respeito às características do modelo, referências ao relatório descritivo ou aos desenhos, do tipo "como apresentado na parte ... do relatório", ou "como apresentado pelo desenho ...", etc.;
k) não serão aceitas reivindicações de utilização e trechos explicativos com relação ao funcionamento, vantagens, e uso do objeto.

15.2.1.3 Desenhos
Aplicam-se, no que couber, as disposições previstas para invenções (item 15.1.4), exceto o item 15.1.3.2.

15.2.1.5 Resumo
Aplicam-se, no que couber, as disposições previstas para invenções (item 15.1.5).

15.3 ESPECIFICAÇÕES GERAIS QUANTO AOS PEDIDOS DE PATENTE

15.3.1 O título deverá ser conciso, claro e preciso, identificando o objeto do pedido, sem expressões ou palavras irrelevantes ou desnecessárias (tais como "novo", "melhor", "original" e semelhantes), ou quaisquer denominações de fantasia, e ser o mesmo para o requerimento, o relatório descritivo e o resumo.

15.3.2 Terminologia e símbolos:

15.3.2.1 As unidades de pesos e medidas devem ser expressas pelo sistema internacional de unidades, seus múltiplos e submúltiplos.

15.3.2.2 Em relação às indicações geométricas, mecânicas, elétricas, magnéticas, térmicas, óticas e de radioatividade, deve ser observado o disposto no vigente Quadro Geral de Unidades de Medidas estabelecido pelo órgão nacional competente.

15.3.2.3 As fórmulas químicas e/ou equações matemáticas, bem como símbolos, pesos atômicos, nomenclatura e unidades específicas, não previstas no Quadro Geral de Unidades de Medida, devem obedecer à prática consagrada no setor.

15.3.2.4 A terminologia e os símbolos devem ser uniformes em todo o pedido.

15.3.3 Especificações Gerais:

15.3.3.1 O relatório descritivo, as reivindicações, os desenhos (se houver) e o resumo devem ser apresentados em três vias, para uso do Inpi, sendo facultada a apresentação de mais duas vias, no máximo, para restituição ao depositante.

15.3.3.2 O relatório descritivo, as reivindicações e o resumo devem ser datilografados ou impressos com caracteres de, no mínimo, 2,1 mm de altura e, no mínimo, espaço 1,5, sem entrelinhas, em tinta preta, indelével, sendo permitido, quando necessário, que as fórmulas químicas e/ou equações matemáticas sejam manuscritas ou desenhadas.

15.3.3.3 O relatório descritivo, as reivindicações, os desenhos (se houver) e o resumo não podem conter rasuras ou emendas, timbres, logotipos, letreiros, assinaturas ou rubricas, sinais ou indicações de qualquer natureza estranhos ao pedido, devendo ser apresentados em papel formato A4 (210 mm x 297 mm), flexível, resistente, branco, liso, não brilhante, não transparente, utilizado somente em uma face, sem estar amassado, rasgado ou dobrado.

15.3.3.4 Todos os documentos básicos do pedido, a saber relatório descritivo, as reivindicações, os desenhos (se houver) e o resumo devem ser apresentados de maneira que possibilite sua reprodução.

15.3.3.5 O relatório descritivo, as reivindicações e o resumo não devem conter quaisquer representações gráficas.

15.3.3.6 O relatório descritivo e o resumo podem conter tabelas, sendo permitida, quando imprescindível, a sua inclusão nas reivindicações.

15.3.3.7 Cada um dos documentos básicos que integram o pedido deve ser iniciado em nova folha com numeração independente.

15.3.3.8 As fórmulas químicas e/ou equações matemáticas, bem como tabelas, quando inseridas no texto, devem ser identificadas.

15.3.3.9 Os desenhos devem, preferivelmente, seguir o estabelecido nas normas brasileiras para desenho técnico.

15.3.3.10 As folhas relativas ao relatório descritivo, às reivindicações e ao resumo deverão:
a) conter o texto dentro das seguintes margens:
mínimo
máximo
superior 2 cm
da esquerda 2,5 cm
da direita 2 cm
inferior 2 cm
4 cm – preferencialmente 4 cm
4 cm – preferencialmente 3 cm
3 cm
3 cm
b) ser numeradas consecutivamente, com algarismos arábicos, no centro da parte superior, entre 1 e 2 cm do limite da folha, preferencialmente indicando o número da página e o número total de páginas (de cada uma destas partes), separados por uma barra oblíqua (por exemplo, caso o relatório descritivo tivesse 31 páginas, as folhas 2, 12 e 31 seriam: 2/31, ...,12/31,..., 31/31);
c) Excepcionalmente, nos casos onde uma modificação no relatório descritivo seja necessária e tal alteração implicar em substancial rearranjo das demais folhas que o compõem, poderão ser aceitas folhas de substituição com numeração híbrida, isto é, formada por algarismos arábicos e letras, devidamente vinculadas com a folha precedente e com a posterior, devendo haver

clara indicação da seqüência, em todas as folhas com numeração híbrida e na imediatamente anterior, por meio de uma nota no rodapé destas folhas, nos seguintes termos: (na folha 4) – "segue-se folha 4a", (na folha 4a) – "segue-se folha 4b", (na folha 4b) – "segue-se folha 5".
d) ter na margem esquerda, junto ao texto, as linhas numeradas, a partir da quinta, de cinco em cinco (5, 10, 15, etc...), numeração essa que deve ser reiniciada a cada folha e se referir somente às linhas de texto, não se considerando o espaço ocupado por tabelas, fórmulas químicas, físicas ou matemáticas inseridas no texto, de maneira que a numeração das linhas não sofra solução de continuidade.

16. DISPOSIÇÕES ESPECÍFICAS DA ÁREA DE BIOTECNOLOGIA

16.1 DO DEPÓSITO DO MATERIAL BIOLÓGICO

16.1.1 Na hipótese prevista no parágrafo único do art. 24 da LPI, o depósito do material biológico deverá ser efetuado em instituições localizadas no País, devidamente autorizadas pelo Inpi, através de credenciamento.

16.1.1.1 A divulgação das Instituições autorizadas pelo Inpi para receberem depósitos de material biológico será amplamente divulgada na RPI.

16.1.1.2 Na inexistência de instituição localizada no País, autorizada pelo Inpi ou indicada em acordo internacional vigente no País, para o depósito de material biológico objeto do pedido de patente, poderá, o depositante, efetuar o depósito em qualquer uma das autoridades de depósito internacional, reconhecidas pelo "Tratado de Budapeste sobre o Reconhecimento Internacional do Depósito dos Microorganismos para fins de Instauração de Processos em Matéria de Patentes".

16.1.1.1.2 O Inpi divulgará informações das Instituições autoridades mencionadas no item anterior.

16.1.1.3 O depósito do material biológico deverá ser efetuado até a data de depósito de patente.

16.1.1.3.1 Havendo reivindicação de prioridade unionista, o depósito do material biológico deverá corresponder à data da prioridade reivindicada.

16.1.1.3.2 Os dados quanto ao depósito do material biológico deverão integrar o relatório descritivo.

16.1.1.3.3 Quando o material biológico tiver sido depositado em instituição não autorizada na forma da presente disposição, tal depósito deverá ser efetuado no prazo de sessenta dias a contar da data do depósito do pedido ou da data da entrada na Fase Nacional, se for o caso.

16.1.1.4 Ao pedido em andamento que não atenda às presentes disposições, serão formuladas, quando do exame técnico, exigências cabíveis.

16.1.1.5 Independentemente das disposições anteriores, sempre que necessário à aferição técnica das características do material biológico o Inpi poderá formular exigência técnica fundamentada quanto a análise e verificação *in situ* de tal material.

16.2 O RELATÓRIO DESCRITIVO

O relatório descritivo, além das especificações contidas no item 15 deste Ato, deverá ainda conter as propriedades imprescindíveis da matéria viva necessárias à sua completa descrição, de acordo com as tecnologias inerentes à respectiva matéria considerada relevante para sua perfeita caracterização, tais como as exemplificadas a seguir, ou parâmetros alternativos que melhor a identifique:

16.2.1 Leveduras

a) Estados de crescimento nos meios adequados

b) Formação de "ascosporos"

c) Formação de "ballistoporos"

d) Propriedades fisiológicas tais como:

- condições ótimas de crescimento
- assimilação de nitrato
- decomposição de lipídeos

- decomposição de uréia
- liquefação da gelatina
- grau de osmotolerância
- formação de carotenóides
- formação de ácido orgânico
- formação de substâncias semelhantes ao amido

e) Assimilação ou não de mais de quinze fontes de carbono (tais como as fontes de carbono com asteriscos são indispensáveis):

- D-arabinose
- L-arabinose
- D-ribose
- D-glicose *
- D-manose
- D-galactose *
- L-rhaminose
- D-frutose
- L-sorbose
- maltose *
- sucrose *
- lactose *
- melibiose
- celobiose
- trecalose
- rafinose *

16.2.2 Fungos e bolores

a) Estados de crescimento nos meios adequados

- desses meios, dois ou mais devem ser selecionados e as propriedades morfológicas dos respectivos órgãos de frutificação; esporo assexuado e micélio, e forma, cor, etc, da colônia com relação ao estado de crescimento devem ser descritas

b) Propriedades fisiológicas e ecológicas tais como:

- condições ótimas de crescimento
- grau de crescimento
- reação fenol-oxidase

OBS.: Nos casos em que as propriedades da cultura são por si só insuficientes, para identificação da nova espécie, uma descrição das propriedades morfológicas, de um espécie padrão e liofilizada ou em lâmina se faz necessária.

16.2.3 Bactérias

a) Propriedades morfológicas nos meios adequados tais como:
- tamanho e forma das células
- presença ou ausência de pleomorfismo celular
Se pleomórfica, os detalhes da mesma.
- presença ou ausência de motilidade.
Quando presente, o estado de aderência do flagelo.
- presença ou ausência.
Se presentes, tamanho e forma dos esporos e esporângios e a posição dos esporos.
- coloração em gram
b) Estado de crescimento nos meios adequados
c) Propriedades fisiológicas tais como:
- redução de nitrato
- denitrogenização
- teste MR
- teste VP
- formação de endol
- formação de hidrogênio
- hidrólise de amido
- formação de pigmento
- grau de crescimento
- formação de ácido e gás a partir das seguintes fontes de carbono:
(1) - L - arabinose
(2) - D - xilose
(3) - D - glucose
(4) - D - manose
(5) - D - frutose
(6) - D - galactose
(7) maltose
(8) sucrose

(9) lactose
(10) trealose
(11) - D - sorbitol
(12) - D - manitol
(13) - inositol
(14) glicerina
(15) amido

d) Outras propriedades necessárias à caracterização de nova espécie tais como:
- oxidação de ácido glucônico
- decomposição de celulose
- decomposição de álcool
- hemólises
- coagulase
- lipase

e) Bactérias anaeróbicas fotossintéticas e as que requerem nutrientes inorgânicos também têm que ser descritas de acordo com o **Manual Bergy's** ou relatórios de pesquisas.

16.2.4 Actinomicetos

a) Propriedades morfológicas tais como:
- remificação, forma da hifa
- número de esporos, estrutura da superfície e tamanho do esporo
- presença ou ausência de flagelosporos
- estado de fissão do micélio

b) Estado de crescimento nos meios adequados

OBS.: Com respeito ao estado de crescimento nesses meios a cor dos actinomicetos na superfície da colônia devem ser descritas.

c) Propriedades fisiológicas tais como:
- hidrólise de amido
- grau de crescimento

d) Assimilação das seguintes fontes de carbono
- L-arabinose
- D-xilose
- D-glucose

- D- fructose
- sucrose
- inositol
- L-raminose
- rafinose
- D-manitol

16.2.5 Algas
- estado de crescimento em meio adequado
- propriedade morfológicas:
presença de pigmentos
presença de reservas nutritivas
meios de locomoção
natureza da parede celular
- propriedades fisiológicas:
fixação de nitrogênio
formação de proteínas
formação de agentes estabilizadores (alginatos, ágar, carragenina)
formação de sedimentação
síntese de vitaminas

16.2.6 Protozoários
-estado de crescimento no meio adequado
- propriedade morfológicas:
meios de locomoção
estruturas celulares
- propriedades fisiológicas:
gestão da celulose
- patogenicidade (ciclos vitasi, faixas de hospedeiros)

16.2.7 Vírus
- estado de crescimento no meio adequado
- propriedades morfológicas:
formação de proteínas
formação de infecções

formação de ácidos nucleicos
formação de lipídios
formação de carboidratos
- propriedades fisiológicas:
patogenicidade (virose de DNA, virose de RNA)
- replicação bioquímica
- acoplamento ou maturação
- adsorção
- penetração e desnudamento
- liberação
- lisi

16.2.8 Outras matérias vivas passíveis de serem cultivadas "in vitro" que não estejam incluídas nas categorias anteriores.
O depósito, na forma de cultura viável, deve acompanhar-se de descrição caracterizadora diferencial da matéria viva, nos planos morfológico, fisiológico e/ou bioquímico. O depósito será também acompanhado da descrição dos meios e métodos ideais de cultivo da matéria viva "in vitro".

16.3 LISTAGEM DE SEQÜÊNCIAS BIOLÓGICAS

16.3.1 Condições

16.3.1.1 Todo pedido de patente que descreva uma seqüência de nucleotídeos ou aminoácidos deverá conter – além do relatório descritivo, reivindicações, desenho e resumo, uma seção separada chamada Listagem de Seqüências, imediatamente após as reivindicações.

16.3.1.2 A listagem de seqüência deverá conter:

16.3.1.2.1 Informações gerais quanto ao pedido de patente, conforme especificado no item 16.3.2.

16.3.1.2.2 Informações gerais quanto à seqüência, conforme especificado no item 16.3.3.

16.3.1.2.3 Todas as seqüências ou parte de seqüências descritas no pedido, identificadas separadamente por um número identificador, apresentadas como descrito no item 16.3.4.3 a 16.3.4.13.

16.3.1.3 Sempre que no relatório descritivo, reivindicações e resumo se fizer referência às Listagens de Seqüências, deve-se fazê-lo através do número identificador, mesmo que outras representações da seqüência sejam apresentadas no texto.

16.3.2 Informações Gerais do Pedido de Patentes.
Das informações gerais do pedido de patentes deverá constar:
(I) Dados do Requerente:
a) nome
b) endereço completo
(II) Dados da Prioridade Unionista, se for o caso.
(III) Título da invenção.
(IV) Número de seqüências constantes do pedido.
(V) Formato para leitura em computador.
a) meio
b)computador utilizado
c)sistema operacional

16.3.3 Informações Gerais da Seqüência.
Das informações gerais da seqüência deverá constar:

16.3.3.1 O número identificador da seqüência.

16.3.3.2 Características da seqüência:
a) tamanho
b) tipo
c) conformação da fita (se nucleotídeo)
d) topologia

16.3.3.3 Características da molécula seqüenciada:
a) tipo: (DNA, RNA, outros ácidos nucleicos, peptídeos, etc).

b) nome (do gene ou do peptídeo)
c) produto do gene

16.3.3.4 Outras informações relevantes, se disponíveis, tais como:
- fonte original da molécula,
- posição da seqüência no genoma,
- fenótipo associado,
- atividade enzimática,
- atividade biológica,
- função geral da classe do gene ou produto deste,
- localização celular.

16.3.4 Descrição das Seqüências.

16.3.4.1 Uma seqüência da nucleotídeos é definida como uma seqüência de dez ou mais nucleotídeos.

16.3.4.2 Uma seqüência de amino ácidos é definida como uma seqüência de quatro ou mais amino ácidos.

16.3.4.3 As seqüências da nucleotídeos deverão ser apresentadas usando-se o código de letras para bases nucleotídeas, conforme especificado abaixo:
Código – Significado:
A – Adenina
C – Citosina
G – Guanina
T – Timina
U – Uracila
M – A ou C
R – A ou G
W – A ou T/U
S – C ou G
Y – C ou T/U
K – G ou T/U
V – A ou C ou G; não T/U

H – A ou C ou T/U; não G
D – A ou G ou T/U; não C
B – C ou G ou T/U; não A
N – A ou C ou G ou T/U ou desconhecido.

16.3.4.4 Os amino ácidos correspondentes aos códons da seqüência deverão vir apresentados logo abaixo do códon correspondente.

16.3.4.5 Os amino ácidos em uma seqüência deverão ser listados na direção N-terminal para C-terminal, usando-se o código de três letras com a primeira em maiúsculo, segundo a lista abaixo:
Código – Amino ácido:
Ala – Alanina
Arg – Arginina
Asn – Aspargina
Asp – Ácido aspártico
Asx – Ácido aspártico ou Aspargina
Cys – Cisteina
Glu – Ácido glutâmico
Gln – Glutamina
Glx – Glutamina ou Ácido glutâmico
Gly – Glicina
His – Histidina
Ile – Isoleucina
Leu – Leucina
Lys – Lisina
Met – Metionina
Phe – Fenilalamina
Pro – Prolina
Ser – Serina
Thr – Treonina
Trp – Triptofano
Tyr – Tirosina
Val – Valina
Xaa – Desconhecido ou outro

16.3.4.6 Em uma seqüência de nucleotídeos, a parte não codificadora (incluindo introns) deverá ser listada em grupos de dez bases.

16.3.4.7 Em uma seqüência de nucleotídeos, a parte codificadora deverá ser listada em trincas (códons).

16.3.4.8 A seqüência da nucleotídeos deverá ser listada com no máximo dezesseis códons, ou sessenta bases por linha.

16.3.4.9 A numeração das bases deverá começar na primeira base da seqüência com o número 1, e continuar através da seqüência na direção 5' para 3'.

16.3.4.10 Ao final de cada linha contendo a lista de bases, na margem direita, deverá ser colocado o número correspondente à última base desta linha.

16.3.4.11 A numeração dos amino ácidos correspondentes numa seqüência de nucleotídeos deverá começar no primeiro amino ácido da proteína com o número 1. As pré-sequências e seqüências sinal, quando presentes, deverão ter números negativos contando no sentido inverso, começando no amino ácido próximo ao de n. 1.

16.3.4.12 A seqüência da amino ácidos deverá ser listada com no máximo dezesseis amino ácidos ou linha.

16.3.4.13 Símbolos para constituintes de peptídeos menos comuns e para substituintes nos grupos carboxílicos ou em átomos de nitrogênio de peptídeos deverão ser apresentados de acordo com o recomendado pela IUPAC-IUB.

16.4 ACESSO AO MATERIAL BIOLÓGICO

Publicação do pedido

16.4.1 O material biológico que suplementar o relatório descritivo do pedido de patente, nos termos do parágrafo único do Art. 24 da LPI, tornar-se-á acessível ao público, tecnicamente habilitado, na data da publicação do pedido, salvo se tal acesso for impedido por lei ou tratado em vigor no país.

16.4.1.1 O depositante do pedido ou titular da patente não poderá impedir ou dificultar o acesso, salvo quando comprove a existência de motivos de ordem técnica ou legal.

16.4.1.1.1 Na hipótese do item anterior, o Inpi realizará as necessárias diligências para deliberação quanto às razões argüidas pelo depositante ou titular para a não disponibilização do acesso ao material biológico.

16.4.1.1.1.1 Quando a argüição de não disponibilização implicar matéria de competência de outro órgão da Administração Pública Federal, a deliberação do Inpi dar-se-á com base no parecer técnico prévio de tal órgão.

16.4.1.1.2 Concluído o Inpi que não assiste razão ao depositante ou titular, será o mesmo intimado para, no prazo de sessenta dias, promover as medidas cabíveis necessárias à liberação do material biológico.

16.4.1.1.3 A não liberação por parte do depositante ou titular implicará o não atendimento das disposições do Art. 24 da LPI, sujeitando o pedido ou a patente às disposições legais pertinentes.

17. Este Ato Normativo entra em vigor em 15/05/97, revogados, no que tange a patentes, as disposições dos Atos Normativos 013/75, 017/76, 057/81, 076/85, 082/86, 092/88, 100/89, 101/89, 102/89, 111/93, 113/93 e 121/93 e quaisquer eventuais outras disposições em contrário.

AMÉRICO PUPPIN
Presidente

Fonte: www.inpi.gov.br

Referências bibliográficas

1. AKERMAN, Casimir. *L'obligation d'exploiter et la licence obligatoire en matière de brevets d'invention.* Paris, Recueil/Sirey, 1936.
2. ALVES, José Carlos Moreira. *Direito romano.* 5.ed. Rio de Janeiro, Forense, 1983.
3. AMARAL, Antônio Carlos Cintra do. *Ato administrativo, licitações e contratos administrativos.* São Paulo, Malheiros, 1996.
4. ANDERFELT, Ulf. *International patent-legislation and developing countries.* The Hague, Martinus Nighoff, 1971.
5. ARRUDA ALVIM, José Manoel. *Manual de processo civil.* 4.ed. São Paulo, RT, 1991.
6. ASCARELLI, Tullio. *Teoria della concorrenza e dei beni immateriale* – instituzioni de diritto industriale. Milão, Dott. A. Giuffré, 1960.
7. AZEVEDO, Antônio Junqueira de. *Negócio jurídico.* Existência, validade e eficácia. 2.ed. São Paulo, Saraiva, 1986.
8. BADÚ, Geraldo Peltier. *Patentes de invenção nulas e domínio de mercados.* São Paulo, Resenha Tributária, 1983.
9. BALDI, Cesare. *Diritto industriale* – manuale pratico. Torino, Fratelli Bocca, 1916.
10. BARBI, Celso Agrícola. *Do mandado de segurança.* Rio de Janeiro, Forense, 1984.
11. BARBOSA, Denis Borges. *Uma introdução à propriedade intelectual.* Rio de Janeiro, Lumen Juris, 1997.
12. BEVILÁQUA, Clóvis. *Theoria geral do direito civil.* 2.ed. Rio de Janeiro, Francisco Alves, 1929.
13. BODENHAUSEN, G.H.C. *Guide d'application de la convention de Paris pour la protection de la propriété industrielle.* Genebra, BIRPI, 1969.
14. BOSIO, Eduardo. *Le privative industriali nel diritto italiano.* Turim, Unione Tipografico-Edditrice Torinese, 1891.

15. BRASIL. Alvará Real. Disponível em: www.inpi.gov.br/legislacao/conteudo/alvarah.htm.
16. CARNELUTTI, Francesco. *Studi di diritto industriale.* Roma, Athenaeum, 1916.
17. CARVALHO, Nuno T. P. "Abusos dos direitos de patente – um estudo do direito dos Estados Unidos com referências comparativas ao direito brasileiro". In: *Revista da ABPI.* São Paulo, n.12, julho/outubro de 1994.
18. ______. "Os inventos de empregados na nova lei de patentes (I e II)". In: *Revista da ABPI.* São Paulo, n. 22, p. 3-33, maio/junho de 1996, e n. 23, p. 3-37, julho/agosto de 1996.
19. CASTRO, Carlos Osório de. *Os efeitos da nulidade da patente sobre o contrato de licença da invenção patenteada.* Porto, Universidade Católica Portuguesa, 1994.
20. CERQUEIRA, João da Gama. *Privilégios de invenção e marcas de fábrica e de commercio.* São Paulo, RT, 1931.
21. ______. *Tratado da propriedade industrial.* 2.ed. São Paulo, RT, 1982.
22. CHAVANNE & BURST. *Droit de la propriété industrielle.* 4.ed. Paris, Dalloz, 1993.
23. COELHO, Fábio Ulhoa. *Manual de direito comercial.* 13.ed., São Paulo, Saraiva, 2002.
24. ______. *O empresário e os direitos do consumidor.* São Paulo, Saraiva, 1994.
25. ______. *Código comercial e legislação complementar anotados.* São Paulo, Saraiva, 1995.
26. CRETELLA JR., José. *Direito administrativo do Brasil.* São Paulo, RT, 1961.
27. ______. *Controle jurisdicional do ato administrativo.* 3.ed. Rio de Janeiro, Forense, 1997.
28. CRISTOFARO, Carlo. *Trattato del diritto d'autore e d'inventore.* Torino, Fratelli Bocca, 1931.
29. DE PLÁCIDO E SILVA. *Vocabulário jurídico.* 4.ed. Rio de Janeiro, Forense, 1975.
30. DINAMARCO, Cândido Rangel. *Litisconsórcio.* 4.ed. São Paulo, Malheiros, 1996.
31. ______. *A reforma do Código de Processo Civil.* 2.ed. São Paulo, Malheiros, 1995.
32. DINIZ, Maria Helena. *Curso de direito civil brasileiro.* 19.ed. São Paulo, Saraiva, 2002.
33. DOMINGUES, Douglas Gabriel. *Direito industrial* – patentes. Rio de Janeiro, Forense, 1980.
34. DURVAL, Hermano. *Concorrência desleal.* São Paulo, Saraiva, 1976.
35. ______. *Tecnologia e direito.* Rio de Janeiro, Trabalhistas, 1986.
36. ESPÍNOLA, Eduardo. *Sistema do direito civil brasileiro.* Rio de Janeiro, Rio, 1977.
37. FAGUNDES, Miguel Seabra. *O controle dos atos administrativos pelo poder judiciário.* 3.ed. Rio de Janeiro, Forense, 1975.
38. FEKETE, Elisabeth Kasznar. "Direitos, obrigações e perspectivas dos inventores-empregados no Brasil". Anais do II Seminário sobre Propriedade Industrial e Transferência de Tecnologia, 1988.
39. ______. *Regime jurídico do segredo de indústria e comércio no direito brasileiro.* Rio de Janeiro, Forense, 2003.
40. FERREIRA, Waldemar. *Tratado de direito comercial brasileiro.* 5.ed. São Paulo, Freitas Bastos, 1962.
41. FIGUEIREDO, Paulo Roberto Costa. "A marca registrada de má-fé e a prescrição da ação de nulidade". Tese de Doutorado na Universidade Federal do Rio de Janeiro. In: *Revista de Direito Mercantil.* n.75/49, jul-set/1989.
42. FOSTER, Frank H. & SHOOK, Robert L. *Patents, copyrights and trademarks.* 2.ed. New York, John Wiley & Sons, 1993.
43. FRANCESCHELLI, Remo. *Trattato di diritto industriale.* Milão, Dott. A. Giuffré, 1960.
44. GARCEZ, Martinho. *Das nulidades dos atos jurídicos.* Revista pelo Des. Martinho Garcez Neto. 3.ed. Rio de Janeiro, Renovar, 1997.

45. GHIRON, Mario. *Corso de diritto industriale.* Roma, S.E. del Foro Italiano, 1935.
46. GNOCHI, Alexandre. *Patentes multinacionais no Brasil.* São Paulo, RT, 1975.
47. GOLDSTEIN, Paul. *Copyright, patent, trademark and related state doctrines* – cases and materials on the law of intellectual property. 3.ed., Westbury –NY, The Foundation, 1993.
48. GOMES, Orlando. *Introdução ao direito civil.* Rio de Janeiro, Forense, 1957.
49. GRECO FILHO, Vicente. *Direito processual civil brasileiro.* 6.ed. São Paulo, Saraiva, 1993.
50. GUSMÃO, José Roberto d'Affonseca. *L'acquisition du droit sur la marque au Brésil.* Paris, LITEC, 1990.
51. HIANCE, Martine & PLASSERAUD, Yves. *Brevets et sous développement.* Paris, LITEC, 1972.
52. HOLANDA FERREIRA, Aurélio Buarque de. *Novo dicionário Aurélio da língua portuguesa.* 2.ed. Rio de Janeiro, Nova Fronteira, 1990.
53. JOLIVET, Régis. *Curso de filosofia.* 17.ed. Rio de Janeiro, Agir, 1987.
54. LARA, Betina Rizzato. *Liminares no processo civil.* 2.ed. São Paulo, RT, 1994.
55. LEONARDOS, Gabriel. *Direito tributário internacional e a tributação da transferência de tecnologia no Brasil.* Rio de Janeiro, Forense, 1997.
56. LEONARDOS, Luiz. *A natureza do direito sobre a invenção patenteada.* Tese inédita de mestrado, Universidade Gama Filho, 1983.
57. LE STANC, Christian. *L'acte de contrefaçon de brevet d'invention.* Paris, LITEC, 1977.
58. LOUREIROS, Luiz Guilherme de A. Vieira. "Biotecnologia e patentes: as disposições da nova Lei de Propriedade Industrial". In: *Revista dos Tribunais.* 739/102.
59. LUCCA, Newton de. *Direito do consumidor.* São Paulo, RT, 1995.
60. ______. "Aval". In: *Revista de Direito Mercantil, Industrial e Econômico.* n.53/41, 1984.
61. LUZZATO. *Trattato generale delle privative industriali.* Milão, Unione Tipografico, 1915.
62. MACHLUP, F. *The political economy of monopoly*: business, labor and government policies. Baltimore, John Hopkins, 1952.
63. MATHÉLY, Paul. *Le droit européen des brevets d'invention.* Paris, Librairie du Journal des Notaires et des Avocats, 1978.
64. ______. *Le nouveau droit français des brevets d'invention.* Paris, Librairie du Journal des Notaires et des Avocats, 1991.
65. MAZEAUD, Henri et al. *Leçons de droit civil.* 18.ed. Atualizada por François Chabas. Paris, Édition Montchrestien, 1986.
66. MEIRELLES, Hely Lopes. *Direito administrativo brasileiro.* 26.ed. São Paulo, RT, 2001.
67. ______. *Mandado de segurança e ação popular.* 7.ed. São Paulo, RT, 1980.
68. MELLO, Celso Antônio Bandeira de. *Curso de direito administrativo.* 13.ed. São Paulo, Malheiros, 2001.
69. ______. *Elementos de direito administrativo.* São Paulo, RT, 1980.
70. MELLO, Oswaldo Aranha Bandeira de. *Princípios gerais de direito administrativo.* Rio de Janeiro, Forense, 1974.
71. MENDONÇA, Carvalho de. *Tratado de direito comercial brasileiro.* 5.ed. São Paulo, Freitas Bastos, 1957.
72. MONTEIRO, Washington de Barros. *Curso de direito civil.* 19.ed. São Paulo, Saraiva, 1979.
73. MORENO, P. C. Breuer. *Tratado de patentes de invención.* Buenos Aires, Abeledo-Perrot, 1957.
74. MORO, Maitê Cecilia Fabbri. *Direito de marcas* – abordagem das marcas notórias na Lei n. 9.279/1996 e nos acordos internacionais. São Paulo, RT, 2003.

75. MOUSSERON, Jean-Marc. *Le droit du breveté d'invention* – contribution à une analyse objective. Paris, LGDJ, 1962.

76. ______. *Traité des brevets.* Paris, Librairie Technique, 1984.

77. NETO, Abílio & PUPO CORREIA, Miguel. *Propriedade industrial* – legislação anotada. Lisboa, Livraria Petrony, 1982.

78. NUNES, Luiz Antônio Rizzato. *O código de defesa do consumidor e sua interpretação jurisprudencial.* São Paulo, Saraiva, 1997.

79. OLIVEIRA, Régis Fernandes de. *Ato administrativo.* 3.ed. São Paulo, RT, 1992.

80. ONU et al. "Le rôle du système des brevets dans le transfert de techniques aux pays en développement". Relatório estabelecido conjuntamente pelo Departamento de Assuntos Econômicos e Sociais da ONU, o secretário da Cnuced e o Escritório Internacional da Organização Mundial da Propriedade Intelectual, 1975.

81. OPPENLANDER, K. H. *Incidences du système des brevets sur la propension de l'industrie à investir:* une analyse empirique. Ompi, La Propriété Industrielle, Décembre 1986.

82. PAES, P. R. Tavares. *Nova lei da propriedade industrial.* São Paulo, RT, 1996.

83. PANEL, François. *La protection des inventions en droit européen des brevets.* Paris, LITEC, 1977.

84. PENROSE, E. T. *The economics of the international patent system.* Baltimore, John Hopkins, 1951.

85. PHELIP, Bruno. *Protection et valorisation des inventions* – brevets français et étrangers. 2.ed. Paris, J.Delmas et Cie., 1971.

86. PINHEIRO, Waldemar. "Jurisprudência: Patente de Invenção". In: *Revista de Direito Mercantil,* n.17.

87. PLANIOL, Marcel. *Traité élémentaire de droit civil.* 8.ed. Paris, LGDG, 1920.

88. POHLMAN, H. *The inventor's right in early german law.* February/1961, In: *Journal, Patent and Office Society* – J.P.O.S.

89. PONTES DE MIRANDA, Francisco Cavalcanti. *Tratado de direito privado.* 4.ed. São Paulo, RT, 1977.

90. POUILLET, Eugène. *Traité théorique et pratique des brevets d'invention.* Paris, Imprimerie et Librairie Générale de Jurisprudence Marchal et Billard, 1909.

91. RAMELLA, Agostino. *Trattato della proprietà industriale.* 2.ed. Torino, Unione Tipográfico, Torinese, 1927.

92. RIPERT, Georges. *Traité élémentaire de droit commercial.* 9.ed. Paris, LGDJ, 1981.

93. RIPPE, Siegbert. *La propriedad industrial en el Uruguay.* Assunción, Fundación de Cultura Universitaria, 1992.

94. RODRIGUES, Silvio. *Direito civil.* 21.ed. São Paulo, Saraiva, 1990.

95. ROUBIER, Paul. *Le droit de la propriété industrielle.* Paris, Du Recueil Sirey, 1954.

96. RUGGIERO, Roberto de. *Instituições de direito civil.* Tradução da 6.ed. italiana. São Paulo, Saraiva, 1957.

97. SABATIER, Marc. *L'exploitation des brevets d'invention et l'intérêt général d'ordre économique.* Paris, LITEC, 1976.

98. SANTOS, J. M. de Carvalho. *Código civil brasileiro interpretado.* 6.ed. São Paulo, Freitas Bastos, 1958.

99. SANTOS, Moacyr Amaral. *Primeiras linhas de direito processual civil.* 6.ed. São Paulo, Saraiva, 1983.

100. SCHOLZE, Simone Henriqueta Cossetin. "Os Direitos de Propriedade Intelectual e a Biotecnologia: Implicações Jurídicas e Éticas do Controle Técnico da Vida". Dissertação Inédita de Mestrado, Unb, 1997.
101. SERPA LOPES, Miguel Maria de. *Curso de direito civil.* 2.ed., Rio de Janeiro, Freitas Bastos, 1962.
102. SHERWOOD, Robert M. *Propriedade intelectual e desenvolvimento econômico.* São Paulo, Edusp, 1992.
103. SILVEIRA, Newton. *Licença de uso de marca e outros sinais distintivos.* São Paulo, Saraiva, 1984.
104. ______. *Curso de propriedade industrial.* 2.ed. São Paulo, RT, 1987.
105. ______. *Propriedade intelectual.* 3.ed. Barueri, Manole, 2005.
106. SIMÃO FILHO, Adalberto & LUCCA, Newton de (Coord.). *Direito empresarial contemporâneo.* São Paulo, Juarez de Oliveira, 2000.
107. SOARES, José Carlos Tinoco. *Crimes contra a propriedade industrial e concorrência desleal.* São Paulo, RT, 1980.
108. ______. *Comentários ao código da propriedade industrial.* São Paulo, Resenha Universitária, 1981.
109. ______. *Lei de patentes, marcas e direitos conexos.* São Paulo, RT, 1996.
110. SUNDFELD, Carlos Ari. *Fundamentos de direito público.* 3.ed. São Paulo, Malheiros, 1997.
111. ______. *Direito administrativo ordenador.* São Paulo, Malheiros, 1997.
112. TACHINARI, Maria Helena. *A guerra das patentes.* Rio de Janeiro, Paz e Terra, 1993.
113. THEODORO JUNIOR, Humberto. "As nulidades no código de processo civil". In: *RePro* 30/38.
114. UNIÃO EUROPÉIA. Convenção de Munique. Disponível em: www.european-patent-office.org/epo/members.htm.
115. VALANCOGNE, François. *L'invention, sa brevetabilité.* L'etendue de sa protection. Paris, LITEC, 1968.
116. VARELLA, Marcelo Dias. *A propriedade intelectual de setores emergentes.* São Paulo, Atlas, 1996.
117. WAMBIER, Teresa Arruda Alvim. *Nulidades da sentença.* 2.ed. São Paulo, RT, 1990.
118. ______. *Medida cautelar, mandado de segurança e ato judicial.* São Paulo, RT, 1993.
119. WOLF, Maria Thereza. "Biotecnologia: Seu Desenvolvimento e Seu Futuro". In: *Revista da ABPI.* n.6, 1993.

RR DONNELLEY
MOORE

IMPRESSÃO E ACABAMENTO
Av Tucunaré 299 - Tamboré
Cep. 06460.020 - Barueri - SP - Brasil
Tel.: (55-11) 2148 3500 (55-21) 2286 8644
Fax: (55-11) 2148 3701 (55-21) 2286 8844

IMPRESSO EM SISTEMA CTP